Dieter Schnocks

Was unsere Träume sagen wollen

HERDER spektrum

Band 5889

Das Buch

Was wollen Träume uns mitteilen? Unsere nächtlichen Traumbilder sind meist faszinierend, manchmal auch kurios und beängstigend, aber immer geheimnisvoll. Doch woher kommen die rätselhaften Botschaften? Welche Bedeutung haben sie für unsere Lebensrealität und für unseren Individuationsweg?

Der Tiefenpsychologe Dieter Schnocks führt den Leser auf spannende Weise ein in die Sprache der Träume und zeigt anhand von konkreten Beispielen, wie wir Traumbilder entschlüsseln können. Jeder von uns hat auf ganz besondere Weise mit Träumen zu tun: Traumbilder können uns darauf aufmerksam machen, was im Leben gerade ansteht und welche Teile unserer Persönlichkeit nach außen drängen und gelebt werden wollen. Träume geben Antworten auf drängende Fragen und regen uns an, Neues auszuprobieren. So können wir persönlich wachsen und den Mut finden, neue Wege zu gehen. Der praktische Leitfaden „12 Fragen an den Traum“ und wertvolle Tipps zum Führen eines Traumtagebuchs sind zwei besondere Highlights, die helfen, das kreative Potenzial der Traumbilder individuell zu nutzen.

Eine neue Kultur des Traumverstehens könnte unser Bewusstsein deutlich erweitern, dies ist das Fazit von Dieter Schnocks. Anschaulich zeigt er, wie wir die Botschaften unserer Träume verstehen und durch sie wachsen können. Ein spannend geschriebener Alltagsbegleiter für alle, die den eigenen Träumen auf die Spur kommen möchten.

Der Autor

Dieter Schnocks, Diplom-Psychologe, Analytischer Psychotherapeut in eigener Praxis. Vorstandsmitglied, Dozent und Lehranalytiker am C. G. Jung-Institut Stuttgart.

Langjähriger Vorsitzender der C. G. Jung-Gesellschaft Köln. Seminarleiter in Fortbildungen für analytische Traumarbeit in Köln und Stuttgart.

Dieter Schnocks

Was unsere Träume sagen wollen

Botschaften aus dem Raum der Seele

HERDER

FREIBURG · BASEL · WIEN

Gedruckt auf umweltfreundlichem,
chlorfrei gebleichtem Papier

Originalausgabe

www.herder.de
Satz: Barbara Herrmann, Freiburg
Druck und Bindung: fgb · freiburger graphische betriebe 2007
www.fgb.de
Umschlaggestaltung und Konzeption:
R·M·E München / Roland Eschlbeck, Liana Tuchel
Umschlagfoto: © Mauritius
Autorenfoto: privat
ISBN: 978-3-451-05889-9

Inhalt

1.
Können uns Träume etwas sagen?

„Träume sind Schäume" reimt ein Sprichwort. Und tatsächlich: Unsere Träume wirken auf den ersten Blick wie irreale, flüchtige, abstruse Fantasiegebilde, die mit unserem wachen Erleben nicht viel zu tun zu haben scheinen und zuweilen aus unseren Lebenseindrücken scheinbar unsinnigen Schaum schlagen. Seifenblasen, die zerplatzen, wenn wir wieder wach und klar sind. Warum also sollten wir uns mit unseren Träumen beschäftigen? Im Schlaf mögen sie ihre Berechtigung haben. Aber für unser waches Leben gelten andere Gesetze, da haben Träume nichts verloren. Da müssen wir zupacken, aufmerksam, analytisch – da müssen wir eben „wach" sein. Wer ein „Träumer" ist, gilt nicht als besonders alltagstauglich und lebenspraktisch.

Aber die Träume ins nächtliche Reich des Schlafs zu verbannen – damit ist es nicht getan. Zu sehr beschäftigen sie uns immer wieder, auch wenn wir wach sind, klingen als Stimmung im täglichen Leben nach oder drängen sich in unseren Gedanken immer wieder auf. Lohnt es sich also, die Träume in das Leben zu holen? Und kann der Traumversteher sein Leben durch die Weisheiten aus seinen Träumen bereichern?

Antworten darauf, wie wir unsere Träume verstehen können, bietet die Analytische Psychologie C. G. Jungs. Dieser vertritt die Ansicht, dass der Traum ein hervorragendes Mittel ist, um Zugang zu den unbewussten Bereichen unserer Persönlichkeit zu bekommen. Der Traum ist gewissermaßen der „Königsweg" zum Unbewussten. Gelingt es, ihn zu dechiffrieren, ist es möglich, ganz spezifische und zeitlich genau abgestimmte Botschaften verschiedenster Art zu erhalten. Dem Träumer kann dieses Wissen helfen, seine inneren Beweggründe für bestimmte Handlungen besser zu verstehen und daraus folgend konkrete Lebensprobleme zu lösen. Menschen, die sich mit ihren Träumen intensiv auseinandersetzen, erhalten dadurch oft auch wichtige Unterstützung in psychischen Entwicklungsphasen. Andere holen aus ihren Träumen künstlerische Inspiration oder lassen sich von Traumbildern anregen, sich tiefer mit der eigenen Spiritualität zu befassen. Die bewusste Auseinandersetzung mit den Träumen lohnt sich auf jeden Fall, denn so können Anregungen und Impulse aus den Traumbotschaften leichter für das wache Ich nutzbar gemacht werden.

Dieses Buch zeigt Wege zum Traumverstehen, die jeder im Alltag nachvollziehen und erproben kann.

Träume faszinieren schon immer

Dass unsere Träume mehr als Schäume sind, gehört zum uralten Wissen der Menschheit. Denn in vielen alten Kulturen wurde den Träumen eine besondere Bedeutung beigemessen. Was sie zu bedeuten haben – da gehen die Auffassungen allerdings auseinander. Die alten Griechen beispielsweise nahmen den Traum und seine prophetischen Aussagen außerordentlich ernst. Eindrucksvoll und schön zu lesen ist die Zusammenstellung einer Unmenge von antikem Wissen über die Traumkunst bei Artemidor von Daldis. Hier finden wir Vieles, was wir heute als abergläubische Betrachtung bezeichnen würden. So betonen beispielsweise die griechischen Traumdeuter, die insbesondere nach der Vorhersagbarkeit des Schicksals suchen, eben diese prophetische Bedeutung des Traums.

Aber auch zu medizinischen Zwecken wurde der Traum herangezogen. In den griechischen Asklepios-Tempeln sah man den Traum im Rahmen eines Heilschlafes als Erscheinung eines Gottes, der dem kranken Menschen eine hilfreiche Botschaft für seine Genesung mitteilt. Hier wurde der Traum bereits medizinisch im Sinne von Therapie verwandt.

Ebenso fungierte der Traum im Laufe der Menschheitsgeschichte immer wieder als Übermittler bedeutender Signale aus der göttlichen oder transzendenten Welt. Die Bibel, vor allem das Alte Testament, enthält bedeutende Träume, so zum Beispiel die Prophetenträume, Jacobs Traum von der Himmelsleiter oder Josefs Traum in Ägypten. In der orientalisch-islamischen Kultur spielen Träume ebenfalls eine wichtige Rolle. Mohammeds Eingebungen, die im Koran zu lesen sind, wirken auf viele islamfremde Betrachter zuerst einmal wie faszinierende Traumbilder.

Heute sind wir aufgeklärt und glauben, rational zu handeln. Der Traum als prophetische oder gar göttliche Botschaft hat für den modernen Menschen unserer Zeit meist keine Bedeutung mehr. Es gibt jedoch auch zahlreiche Hinweise darauf, dass das Interesse an den Träumen heute eine Renaissance erfährt.

Eine zunehmend extravertierte Lebenseinstellung, also die Ausrichtung des Menschen nach außen, und die mit dieser Wendung verbundene Beschleunigung des Lebens hat heutzutage die Hinwendung nach innen stark zurückgedrängt. Möglicherweise ist es aber eine Reaktion auf diese extravertierte Schnelllebigkeit, dass viele Menschen sich doch wieder vermehrt für ihr Innenleben interessieren und so die Träume wieder entdecken. In Träumen finden wir unsere ureigenen Lebensthemen in oft uralter Bildersprache dargestellt. Unser Inneres stellt dem modernen Menschen einen großen Schatz an Impulsen für seinen individuellen Lebensweg bereit.

Wer sich an seine Träume erinnert und sie vielleicht sogar aufschreibt, hat meist auch das Bedürfnis, sie jemandem zu erzählen. Beim Erzählen der Träume entsteht dann häufig eine besondere Atmosphäre. Die Innenwelt – die Analytische Psychologie spricht vom Unbewussten – drückt sich hier mit Hilfe von symbolischen Bildern in ganz individueller Weise aus. Unsere Intuition und auch unser Gefühl werden in solch einer Situation besonders angesprochen. Zudem erfahren wir auf diese Weise viel über die psychische Situation des Träumers. In der analytischen Psychotherapie wird aus diesem Grunde der Traum auch gerne als Grundlage für den therapeutischen Dialog genutzt. Doch auch im privaten Bereich kann das Gemeinschaftsgefühl mit anderen in besonderer Weise vertieft werden, wenn man sich gegenseitig seine Träume erzählt.

Vom Traumereignis zur bewussten Traumerfahrung

„Ein unverstandener Traum bleibt bloßes Ereignis, aber das Verstehen macht ihn zum Erlebnis." C. G. Jung (GW Bd. 16, § 252)

Die Analytische Psychologie C. G. Jungs, deren Ansatz zum Traumverstehen ich in diesem Buch darstelle, ist eine besonders fruchtbare Grundlage für einen modernen Umgang mit dem Traum, denn sie bietet einen guten Zugang zu den unbewussten Bereichen der Psyche und ist ein hilfreiches Medium, um die momentane Seelenlage eines Menschen zu erkennen. Natürlich basiert jeder Versuch, Träume zu verstehen, auf der Hypothese des Unbewussten. Sigmund Freund hat die Annahme des Unbewussten als Grundthese der Tiefenpsychologie ins allgemeine Bewusstsein gebracht. Jung meint dazu: „Das Problem der Traumanalyse steht und fällt mit der Hypothese des Unbewussten. Ohne diese ist der Traum ein sinnloses Konglomerat zerbröckelter Tagesreste." (GW Bd. 16, § 294)

Wer sich also wirklich mit seinen Träumen auseinandersetzen möchte, glaubt demnach auch daran, dass ein Traum mehr ist als das kurze Aufflackern von Erlebnissen im Wachzustand. Auch die aktuelle Hirnforschung und neurologische Untersuchungen scheinen dies zu untermauern.

Was sagt die Traumforschung?

Mit der Entdeckung des REM-Schlafs beginnt 1953 die eigentliche naturwissenschaftliche Erforschung vom Traum. In den REM-Schlafphasen macht der Schlafende rasche Augenbewegungen (rapid eye movements) und träumt dabei intensiv. Im EEG (Electroencephalogramm), das die Hirnströme misst, zeigt sich eine hohe Aktivität des Gehirns, eine Eigenschaft, die eigentlich für das Wach-EEG typisch ist. Die Muskulatur hingegen ist im REM-Schlaf entspannt. Der Träumende kann sich nicht bewegen und sich so, während er träumt, auch nicht verletzen. Zudem können im REM-Schlaf die Genitalien der schlafenden Träumer stärker durchblutet werden. Bei der Frau bedeutet dies, dass die Scheide feucht wird und die Klitoris anschwillt, beim Mann hat dies eine Erektion zur Folge.

Es gibt aber auch die NON-REM-Schlafphasen. Je nach Gehirnaktivität gibt es zwei Leicht- und zwei Tiefschlafstadien. In den NON-REM-Schlafstadien sinkt mit zunehmender Schlaftiefe die Herzfrequenz ab. Auch Atemfrequenz und Blutdruck nehmen dabei einen entsprechenden Wert an.

Der gesamte Schlafzyklus innerhalb einer Nacht besteht aus Intervallzyklen, die jeweils ca. 90 Minuten dauern, wobei sich gegen Ende der Nacht die REM-Phasenzeiten verlängern. Personen, die in den REM-Phasen geweckt werden, berichten in der Regel über intensives Traumgeschehen. Aber auch in den NON-REM-Phasen wird geträumt. Im Schlaflabor können Testpersonen, die während der REM-Phasen plötzlich aus dem Schlaf gerissen wurden, in 95 % der Fälle Träume mitteilen. In NON-REM-Phasen geweckte Schläfer berichten hingegen in

5–10 % der Fälle von erinnerten Träumen. Offenbar wird also in allen Schlafphasen geträumt und die weit verbreitete Aussage „Ich habe nichts geträumt“, weist lediglich darauf hin, dass wir uns häufig gar nicht oder nur in geringem Maße an unsere Träume erinnern können.

Die Forschungsergebnisse zeigen außerdem, dass Träume aus den REM-Phasen und die der NON-REM-Phasen jeweils einen anderen Charakter haben. So ergab die Befragung von Träumern, die in den REM-Phasen geweckt wurden, dass sie sich an Träume erinnerten, die tendenziell eher fantastisch, symbolisch, emotional und sinnlich erlebt wurden. Die Träumer hatten hier eher das Gefühl, dass diese Träume für sie eine persönliche Bedeutung haben. Aus den NON-REM-Schlafzuständen wurden meist Träume erinnert, die allgemein kürzer, rationaler, gedanklich geordneter und logischer aufgebaut wirkten. Besonders interessant für diejenigen, die in den vielen oft symbolischen Traumbildern einen Wissensschatz vermuten, sind also Träume aus den REM-Phasen.

Das träumende Gehirn

Obwohl die aktuelle Hirnforschung viele neue Erkenntnisse bezüglich der Abläufe in unserem Gehirn beim Träumen erbracht hat, stehen wir weiterhin vor einem sehr komplizierten Bild. Die neuesten Forschungsergebnisse gehen davon aus, dass einzelne Hirnregionen während unterschiedlicher Traumphasen wie in einem komplexen Funktionssystem miteinander interagieren. Insbesondere die älteren Hirnregionen wie Pons, Hippokampus und das Limbische System mit Teilen von Stirn- und Schläfenlappen sowie große Teile des visuellen Systems scheinen beim Traumgeschehen gemeinsam aktiviert zu sein.

Dagegen zeigt sich, dass das Frontalhirn beim Traumgeschehen weitgehend abgeschaltet ist. Im Vergleich zum

Wachgeschehen ist das Ich im Traum deutlich weniger fähig zu Realitätsprüfung, logischer Erkenntnisfähigkeit und kritischem Denkvermögen. Die Traumbilder weisen oft viel Irrationales, Unlogisches und Fantastisches auf. Grund für das Überwiegen emotionaler und symbolischer Traumbilder mag also der weitgehende Ausschluss der entsprechenden höheren Hirnregionen sein.

Ein weiteres Ergebnis der Hirnforschung zeigt, dass die beim Träumen spezifische Erregungsausbreitung in den entsprechenden Hirnregionen interessanterweise auch im Wachzustand zu beobachten ist, wenn so genannte Basisemotionen (wie z. B. Aggression, Sexualität und Angst) erlebt werden. Das wache Ich-Erleben und das Traumerleben hängen also stark zusammen. Beides wird in der gleichen Hirnregion organisiert und bearbeitet. Diese Tatsache ist ein wichtiges Argument dafür, dass die emotionalen Abläufe im Traum sinnhaftig sind. Dies wiederum lässt den Schluss zu, dass emotionale Prozesse in Wach- und Traumzustand sich auch gegenseitig beeinflussen müssten.

Die biologische Funktion des Traums

Das Traumgeschehen im REM-Schlaf verschafft höheren Säugetieren und speziell auch dem Menschen einen großen evolutionären Vorteil. Dieser liegt zunächst einmal in der Steigerung der Lern- und Gedächtnisleistung. Damit verbunden ist eine größere Kapazität der Informationsverarbeitung, die dann komplexere kognitive Leistungen ermöglicht. Die höheren Bewusstseinsformen beim Menschen hängen wahrscheinlich in hohem Maße zumindest indirekt von der Gabe des Träumens ab (Mertens 1999: S. 97f).

Die moderne Hirnforschung geht inzwischen davon aus, dass das, was wir tagsüber lernen, im Schlaf ins Langzeitgedächtnis überführt wird. Verhindert man den Schlaf und somit die REM-Phasen mit ihren Träumen, wird auch dieser Vorgang der Gedächtniskonsolidierung vereitelt, und Lernleistungen im Wachbewusstsein fallen deutlich schlechter aus (Spitzer 2002: S. 21ff).

Forschungsergebnisse zeigen weiterhin, dass durch Traumentzug, also durch Wecken vor dem Einsetzen des REM-Schlafs, nicht nur deutliche Gedächtnisbeeinträchtigungen und Konzentrationsstörungen, sondern auch Gereiztheit, Angst, Unruhe, gesteigerte Aggressivität sowie Steigerung von sexuellen und Essimpulsen auftreten. Im Extremfall wurden sogar Wahnvorstellungen und Halluzinationen festgestellt. Der Traum ist also auch für die Stressbewältigung existenziell wichtig. Traumentzug hingegen bewirkt psychische Destabilisierung bzw. Beeinträchtigung der emotionalen Gesundheit.

Eine interessante Diskussion in den Neurowissenschaften legt heute die Vermutung nahe, dass im Traum emotionale Prozesse fortentwickelt werden und möglicherweise neue Entwicklungen für das wache Tagesleben im Traum initiiert werden. Die Hirnforschung zeigt auch, dass in den Träumen viele Tagesreste vorkommen. Es scheint durchaus plausibel, dass sie das Traumgeschehen in Gang setzen und wohl oft als Auslöser für die Behandlung bestimmter Themen im Traum in Frage kommen.

Man muss sich weitergehend fragen, welchen Sinn es hat, dass beim Traumgeschehen ältere Hirnareale, die mit den instinkthaften Verhaltens- und Erlebensweisen in Beziehung stehen, in besonderer Weise aktiviert werden, während die höheren kortikalen Bereiche eher ruhen. Möglicherweise hat der Traum die Funktion, Tagesgedanken mit den im Gehirn vorhandenen Abspeicherungen von instinktgebundenen Verhaltensweisen und Erlebtem abzugleichen. Zu den Tageserlebnissen wird im Traum das so genannte „emotionale Gehirn" aktiviert. Ererbtes Instinktrepertoire bzw. archetypische Muster werden im Traum ausgelöst und mit den aktuellen Themen in Verbindung gebracht.

Aufgrund der Tatsache, dass Instinktmechanismen und somit archetypische Grundmuster ins psychologische Spiel kommen, können im Traum neue Verhaltensweisen ausprobiert und sogar eingeübt werden. In unseren nächtlichen Träumen begegnen wir einem größeren, instinktiven bzw. archetypischen Wissen in uns, als uns bewusst ist. Im folgenden Tagesgeschehen können wir mit dieser Anreicherung unseres bewussten Wissens klüger handeln. Diese biologische Funktion der Träume wird selbst dann erfüllt, wenn die Träume nicht erinnert werden.

Träume haben also für unseren Lebensalltag eine wichtige Funktion. Durch sie können wir unsere Persönlichkeit sinnvoll verändern und persönlich wachsen.

Unsere Träume verstehen – aber wie?

Das vorliegende Buch ist für all jene gedacht, die sich mit den grundlegenden traumpsychologischen Vorstellungen der Analytischen Psychologie vertraut machen möchten. So kann der Einzelne die eigenen Träume besser verstehen lernen. Es ist nicht leicht, aber doch möglich, die notwendige Distanz zum Erträumten herzustellen, um den Traum verstehend zu erforschen. Jeder kann aber auch den Dialog über die Träume mit anderen Menschen nutzen, die ihrerseits nach dem Sinn in ihren Träumen als Möglichkeit der Selbsterfahrung suchen. Nicht zuletzt sollen auch jene Menschen sich über die Entschlüsselung der Träume kundig machen können, die sich mit dem Ziel der seelischen Gesundung für eine therapeutische Traumarbeit entschieden haben.

Grundsätzlich kann jeder mit seinen Träumen arbeiten, sie verstehen und von ihnen lernen. Die Erkenntnisse der Analytischen Psychologie bieten hier Hilfe und Orientierung. C. G. Jung hat zwar immer betont, dass Trauminterpretationen immer als Hypothesen zu betrachten sind; sicher ist, „dass es stets der Mensch ist, der deutet, das heißt Be-Deutung gibt." (GW Bd. 16, § 93) Seine Erfahrungen und Anregungen haben sich dennoch für viele Menschen in der Praxis als hilfreich erwiesen, und Interessierte, die einen Schlüssel zum Traumverstehen suchen, wenden sich immer wieder Rat suchend an die Analytische Psychologie.

Dieses Buch erläutert anhand von vielen Beispielen, wie die Botschaften unserer Träume sich mit Hilfe der Analytischen Psychologie entschlüsseln lassen. Natürlich können mit den einzelnen Verstehensansätzen immer nur Teile der Traumbotschaften im jeweiligen Traum erfasst werden. Auf diese Weise werden die Beispielträume natürlich nicht in ihrer ganzen Komplexität erfasst. Über viele der einzelnen Traumbeispiele ließe sich ohne Mühe ein eigenes Buch schreiben. Daher sollten die hier erläuterten Interpretationsansätze keinesfalls als eindimensionale Übersetzung von Inhalt in Bedeutung verstanden werden. Das würde der Komplexität unserer Träume nicht gerecht.

Die zahlreichen Träume aus verschiedenen Fallgeschichten können für die eigene Traumanalyse eine wertvolle Anregung sein. Sie stammen zum großen Teil aus meiner langjährigen Praxis als Psychoanalytiker, wurden jedoch zum Schutz der Personen anonymisiert.

2.
Wovon wir träumen

Es ist schon erstaunlich, wem und welchen Situationen wir in unseren Träumen begegnen: Alte Schulkameraden tauchen auf, verstorbene Familienmitglieder, Arbeitskollegen, Menschen aus unserem heutigen Umfeld, aber auch von früher – und wir wundern uns, wieso gerade sie zum jetzigen Zeitpunkt Stoff unserer Träume sind. Zudem sind es auch immer wieder Alltagsprobleme, die zu Traumthemen werden. Beziehungsfragen und Familienkonflikte und insbesondere die oft hoch emotional besetzten Fragen um das Thema Liebe bieten viel Stoff für unsere Träume. Natürlich taucht auch unser Arbeitsleben, vor allem unsere beruflichen Nöte und Ärgernisse mit ihren vielfältigen Aspekten in unseren Träumen auf. Nicht zuletzt sind es aber besonders unsere Ängste, die uns im Traum umtreiben, den Schlaf belasten und auch morgens nach dem Erwachen noch unsere Gefühle bestimmen.

Wie aber gelangt dies alles in unsere Träume? Wieso treffen wir auf Dinge oder Personen, die wir längst vergessen glaubten? Oder die uns überhaupt völlig unbekannt und neu zu sein scheinen? Schauen wir uns dazu einen ganz typischen Traum an.

> Eine Patientin erinnert sich daran, wie sie sich im Traum in einem Spiegel sah. Sie bemerkt an sich viele Falten und stellt fest, dass sie deutlich gealtert aussieht. Ja, sie fühlt sich plötzlich wie eine uralte Frau und ist über das Bild in ihrem Spiegel richtig erschrocken.

Im Gespräch stellt sich heraus: Am Morgen vor dem Traum hatte sie sich die Hände eingecremt und die ersten dunklen Altersflecken auf ihrer Haut entdeckt. Sie war kurz erschrocken, hatte aber nicht die Zeit gehabt, sich weiter damit zu beschäftigen. In der Nacht darauf tauchte dann das Thema „Altern" auf diese Weise in ihrem Traum auf. Offensichtlich waren die dunklen Hautflecken mit dem Hintergrundthema „älter werden" ein Auslöser dafür. Später führte dieser Traum zu einer fruchtbaren Auseinandersetzung mit dem Thema Altern.

Auch das folgende Beispiel zeigt, dass die Themen oft aus einer aktuellen Erfahrung in unsere Träume wandern, auch wenn hier der Bezug zum Erlebten zunächst weniger offensichtlich ist als beim vorigen Traum.

> Eine Patientin berichtet mir, sie habe im Traum ihre Tochter ohnmächtig am Boden liegen sehen. Da die Tochter Diabetikerin ist, weiß die Mutter sofort: Zuckerschock! Doch die Notspritze fehlt, und die Mutter will voller Angst den Arzt rufen.

Die Träumerin war am Tag zuvor bei dem Begräbnis ihres Onkels gewesen. Neben Gedanken an den Verstorbenen und damit verbundenen Familienerinnerungen drängte sich ihr während der Trauerfeier auch die Sorge um die an Diabetes erkrankte Tochter auf. Da sie dieser Sorge aber während der Beerdigung nicht nachgehen konnte, verdrängte sie sie. Die beiseite geschobenen Gedanken wurden schließlich Auslöser für den Traum.

Bei der Patientin war der Traum Ausgangspunkt für eine intensive Auseinandersetzung mit der eigenen Angst vor dem plötzlichen Tod ihrer Tochter. Bisher hatte sich die Träumerin solche Gedanken streng verboten, denn sie wollte ihrer Tochter Zuversicht im Umgang mit dem Diabetes vermitteln. Die Angst vor einem Zuckerschock wurde erst durch den Traum ein bewusstes Thema. Daraufhin beschäftigte sich die Träumerin noch einmal genauer mit dem möglichen Einsatz der Notspritze und konnte schließlich etwas gelassener mit der Erkrankung ihrer Tochter umgehen. Darüber hinaus führte sie der Traum zu einer vertieften und ruhigen Beschäftigung mit den großen Lebensthemen Krankheit, Endlichkeit, Trennung und Tod.

Um mehr über die Botschaften der Träume zu erfahren, müssen wir zuerst ihren Auslöser finden. C. G. Jung ist der Ansicht: „Wenn wir einen Traum richtig deuten wollen, so bedürfen wir einer gründlichen Kenntnis der momentanen Bewusstseinslage, denn der Traum enthält deren unbewusste Ergänzung." (GW Bd. 8, § 477) Wer die Traumauslöser kennt, kann auch die aktuelle bewusste Situation, aus der heraus der Träumer träumt, besser einschätzen.

Die Beschäftigung mit dem Traumauslöser hat noch einen weiteren Vorteil: Wir erfahren, dass die Traumbilder durch die Realität ausgelöst wurden und unser Traum einen direkten Bezug zum Jetzterleben hat. Das kann beruhigend wirken und Hemmungen und Ängste abbauen, da uns Trauminhalte sonst oft fremd und bedrohlich erscheinen und wir uns vielleicht fragen: Was hat das mit mir zu tun? Träume sind Teil unserer Realität.

So genannte Tagesreste oder bewusste aktuelle Gedanken und Assoziationen, die als Auslöser für die Themen im Traum in Frage kommen, lassen sich oft in den letzten Tagen vor dem Traum auffinden. Die Erfahrung lehrt, dass ein Dreitagesabstand als wesentlicher Zeitraum für das Auffinden des Traumauslösers angenommen werden kann. Deshalb ist es wichtig in Erfahrung zu bringen, was in den letzten drei Tagen der Auslöser für den Traum gewesen sein könnte. Folgende Fragen können dabei besonders hilfreich sein:

- Warum treten die Traumbilder zum jetzigen Zeitpunkt auf?
- Wieso ist dieses Thema gerade jetzt durch den Traum ins Bewusstsein gekommen?

- Gibt es einen konkreten Auslöser für das im Traum dargestellte Thema?

Das Unbewusste führt Regie

Selbst wenn wir die Auslöser für unsere Träume aus unserem alltäglichen Wacherleben kennen, erscheinen uns unsere Träume oft seltsam fremd. Denn nur selten tauchen Alltagsthemen eins zu eins abgebildet in unserem Traumerleben auf. Meist erkennen wir sie nicht auf Anhieb wieder oder sind manchmal sogar der Meinung, sie könnten unmöglich unserer eigenen Kreativität entsprungen sein. Hier, so die Ansicht von C. G. Jung, hat eine Instanz jenseits unseres wachen Bewusstseins die Hand im Spiel. Das Unbewusste übernimmt die Traumregie.

Was wir als Träume erleben, entsteht im Zusammenspiel von bewusstem Ich und Unbewusstem. Oft werden Themen, die das bewusste Ich kennt und erlebt, innerpsychisch be- und verarbeitet. Aber wie genau sieht das Verhältnis von bewusstem Ich und Unbewusstem aus? Dazu ein Beispiel.

> Eine ca. 35-jährige Frau träumte, sie sehe in einem großen Weizenfeld ihre Mutter. Diese duckt sich. Die Träumerin versucht, sie zu sehen, doch die Mutter versteckt sich vor ihr.

Aus der Vorgeschichte der Träumerin war bekannt, dass sie große Schwierigkeiten mit ihrer Weiblichkeit hatte. Ihre Gefühle gegenüber ihrem Körper, ihrer Sexualität und dem Muttersein waren problematisch und in vielerlei Hinsicht verstört. Dies hing nicht zuletzt mit einer sehr schwierigen, wenn nicht gar schlechten Beziehung zu der mittlerweile alten Mutter zusammen. Die Patientin empfand sie in vielerlei Hinsicht als unsympathisch, als zu einfach und zu ungebildet.

Im Rahmen einer analytischen Therapie beschäftigte sich die Träumerin mit der Beziehung zu ihrer Mutter. Dass diese sich im Traum vor der Tochter versteckt, sieht die Träumerin als Beleg dafür, dass sie sich der Tochter gegenüber nie geöffnet und in gewisser Hinsicht auch vor ihr versteckt habe. Durch die Traumszene konnte die Wahrnehmung der Mutter in ihren vielen Persönlichkeitsfacetten Teil des therapeutischen Dialogs werden.

Doch das Thema „Mutter und Mütterlichkeit" scheint hier – neben der persönlichen Komponente – noch eine weiterreichende Bedeutung zu haben. Die Träumerin erinnert sich nämlich, dass sie es irgendwie auch erheiternd fand, dass die alte Mutter sich in einem Weizenfeld verstecken will. Dieser Trauminhalt hatte nichts mit der Realität zu tun, sondern war offensichtlich als symbolischer Hinweis zu verstehen. Der Weizen als Grundlage für Brot und viele andere wichtige Nahrungsmittel symbolisiert die Mutter Erde in ihrem positiven nahrungsspendenden Aspekt. Damit erfährt die Mutterfigur eine symbolische Aufladung, wie wir sie aus den Mythologien verschiedener Kulturen kennen. So steht im alten Griechenland zum Beispiel Demeter, die Göttin des Getreides, für den nahrungsspendenden Aspekt des Mütterlichen. Der Traum stellt so eine Verbindung zwischen der persönlichen Mutter der Träumerin und der symbolischen Erdmutter her.

Mit diesem Traumverständnis konnte die Träumerin sich einerseits noch einmal mit der persönlichen Mutter und der Beziehung zu ihr auseinandersetzen, andererseits aber auch darüber nachdenken, was das Mütterliche im positiven, nährenden Aspekt für sie bedeutet und inwieweit sie ganz persönlich auch als Mutter von mehreren Kindern davon profitieren kann.

Damit wird deutlich: Das Unbewusste schöpft nicht nur aus persönlichen Erfahrungen, sondern greift auf einen viel weiterreichenden Erfahrungsschatz zurück. Die Analytische Psychologie C. G. Jungs geht davon aus, dass sich das Unbewusste aus einem *persönlichen* und einem *kollektiven Unbewussten* zusammensetzt. Das persönliche Unbewusste beinhaltet die abgespeicherten persönlichen Lebenserfahrungen. Das kollektive Unbewusste umfasst archetypisches Wissen, altes Wissen der Menschheit, das seit Jahrhunderten über Mythen und Religionen weitergegeben wird. Es ist sehr hilfreich, sich beim Traumverstehen immer darüber im Klaren zu sein, dass die Trauminhalte aus verschiedenen Schichten des Unbewussten kommen und bei der Traumschöpfung zusammenwirken. (Vgl. dazu auch das Diagramm im Anhang)

Das persönliche Unbewusste: Wahrheiten, die im Schatten liegen

In der Analytischen Psychologie Jungs werden die Inhalte des persönlichen Unbewussten als Komplexe bezeichnet. Das folgende Beispiel macht deutlich, was genau unter dem Begriff Komplex zu verstehen ist und auf welche Weise die Jung'schen Komplexe in unseren Träumen wirksam werden können.

Ein Mann mit strengen moralischen Überzeugungen, der in seiner Pfarrgemeinde sehr aktiv war und dort die Buchführung gewissenhaft übernommen hatte, erzählte mir von folgendem Traum:

> „Ich hatte ein Auto geklaut. Vielleicht, weil meines auch geklaut worden war. Zunächst entkam ich der Polizei, dann ging ich in eine Falle und musste ins Gefängnis. Ich schämte mich sehr, kriminell geworden zu sein."

Ausgelöst wurde der Traum durch einen Einbruch im Gemeindehaus und die große Entrüstung des Träumers darüber. Er konnte nicht verstehen, dass jemand an einem solchen Ort, der doch beispielhaft für christliches Zusammenleben steht, Wertgegenstände entwenden konnte, und empfand große Wut über die Diebe, die sich auf Kosten der christlichen Gemeinschaft bereichert hatten. In seinem Traum scheint er hingegen plötzlich die Seiten gewechselt zu haben – und wird selbst zum Dieb. Es ist nur verständlich, dass dieser Traum ihn stark verunsichert. Wie lässt sich das Geträumte erklären?

Der Dialog über seinen Diebstahl-Traum eröffnete dem Träumer eine Reflexion über mögliche eigene diebische Impulse. Zudem weist der Traum auf die Fragwürdigkeit des Rachediebstahls hin. Bewusst hatte den Träumer dies noch nie beschäftigt. Auf jeden Fall erkannte er, dass der Diebstahl auch sein eigenes Thema war. „Haben-Wollen" und ungerechtfertigtes Bereichern waren für den Mann zu einem persönlichen belastenden Thema geworden.

Die Tatsache, dass es sich im Traum speziell um den Diebstahl eines Autos handelte – in der Realität wurde kein Auto gestohlen – rückt zudem die Symbolik des Autos in den Blickpunkt. Im Traum kommt dem Mann das individuelle Fortbewegungsmittel abhanden, und er holt es sich durch Diebstahl zurück. Dies führt ihn schließlich in Schuld und Gefangenschaft. Hier stellte sich auch die Frage, inwieweit für den Träumer sein individuelles Fortkommenwollen in eine Gefangenschaft gemündet war? Dieser Traum war insofern für den Mann ein Anreiz, über Hemmungen und Schwierigkeiten in seiner persönlichen Entwicklung nachzudenken.

Der Traum verrät etwas über den Träumer, das bisher unbekannt war – im Schatten lag. Der so genannte *Schattenkomplex* spielt in der Analytischen Psychologie eine wesentliche Rolle. C. G. Jung versteht den Schatten als ein Organ der Seele, das all das beinhaltet, was nicht dem eigenen Selbstbild entspricht und deshalb vom Ich verdrängt wird. Der Schatten enthält abgelehnte negative Qualitäten, aber auch ungelebte positive Potenziale, also all das, was ich nicht will und was ich – aus welchen Gründen auch immer – nicht fühlen und nicht ausleben möchte bzw. kann. Viele Menschen lassen sich durch Schattenträume sehr verunsichern. Zu Unrecht. Denn auch diese können wichtige Anreize für eine positive Auseinandersetzung liefern.

Neben den Schattenkomplexen spielen auch Komplexe eine wichtige Rolle, die unsere positiven und negativen Erfahrungen mit unseren familiären Bezugspersonen enthalten. Dazu gehören vor allem die Felder des Vater-, Mutter-, Eltern- oder Geschwisterkomplexes. Im folgenden Traumbeispiel ist ein Vaterkomplex wirksam:

> Eine junge Patientin, die große Schwierigkeiten in ihren Beziehungen zu Männern hatte, träumte von einer Begegnung mit ihrem Vater, bei der dieser ihr vorschlägt, mit ihr zusammenzuziehen und gemeinsam zu leben. Sie ist sehr erstaunt, aber einverstanden.

Die Träumerin sehnte sich nach einer dauerhaften Partnerschaft mit einem Mann, die sich jedoch nicht einstellen wollte. Ihre Ehe war bereits nach kurzer Zeit in die Brüche gegangen, da sie ihrem Mann keine starken Liebesgefühle mehr entgegenbringen konnte. Ansonsten gab es keine großen Probleme, und das Paar blieb auch nach der Scheidung befreundet. Im Traum erfüllte sich die Träumerin einen unbewussten Wunsch.

Der Traum gibt Auskunft über einen stark positiv aufgeladenen Vaterkomplex der Träumerin, der schon lange wirksam, bisher aber unbewusst und deshalb verborgen geblieben war. Die Auseinandersetzung mit ihrem Traum führte die Träumerin zu einer intensiven Beschäftigung mit der Beziehung zu ihrem Vater und zu der Erkenntnis, dass ihre erfolglose Beziehungssuche maßgeblich im Zusammenhang mit ihrem Vaterkomplex stand und sie erst diesen lösen musste, bevor sie persönliche Erfüllung in einer Liebesbeziehung finden konnte.

Das kollektive Unbewusste: überpersönliches Wissen

Nicht nur Inhalte aus dem persönlichen Unbewussten werden in unseren Träumen verarbeitet. Nach der Anschauung der Analytischen Psychologie hat unser Unbewusstes auch Anteil an einem überpersönlichen Wissen, einer Art kollektiven Weisheit. In unseren Träumen wird das immer dann deutlich, wenn Personen oder Symbole auftauchen, die ganz offensichtlich nicht mehr nur dem alltäglichen Erfahrungsraum entstammen, sondern darüber hinausweisen. Von einer solchen archetypischen Figur, einer Weißen Frau, träumte eine 50-jährige Frau. Sie erzählte mir:

> „Ich sehe eine wunderschöne Frau, ganz in Weiß gekleidet. Ganz unwirklich. Sie hat am Herzen noch ein Gesicht. Ein sehr trauriges Gesicht."

Eine Gestalt aus dem Archetyp des Großen Weiblichen zeigt hier der Träumerin kompensatorisch die Fähigkeit zu trauern. In ihrem wachen Leben verdrängte die Träumerin traurige Stimmungen systematisch. Sie war überaktiv, immer beschäftigt und setzte sich mit ständiger Aktivität so unter Druck, dass sie nie zur Ruhe kam und immer wieder an psychosomatischen Magen-Darm-Problemen litt. Im Gespräch über den Traum war die Träumerin von diesem Traumbild sehr beeindruckt und im Dialog über das traurige Gesicht der Weißen Frau öffnete sie sich schließlich auch ihrer eigenen Trauer: dem Schmerz über ihre unglückliche Kindheit in Verbindung mit Krieg und Vertreibung, aber auch der Trauer über die schwere Krankheit ihres Ehemanns und die daher notwendig gewordene Trennung von ihm. Der Traum öffnete die Tür zur Beschäftigung mit schmerzvollen Erinnerungen, die das Leben der Träumerin in vielerlei Hinsicht belasteten.

Das kollektive Unbewusste beinhaltet vielfältige archetypische Wirkfelder. Hier finden sich zum Beispiel die Hauptarchetypen des Großen Männlichen und des Großen Weiblichen, die auch als Mutter- und Vaterarchetyp bezeichnet werden, der Archetyp des Helden, der Heldin, der Alten Weisen, des Alten Weisen. Wir kennen zudem das archetypische Bild des Göttlichen Kindes, welches für Neuwerdung steht. Auch archetypische Polaritäten wie Trennung vs. Bindung und seelische Gegensätze in der männlichen Psyche wie „Puer aeternus“ (der Ewige Junge) vs. „Senex“ (der Greis) wirken aus dem kollektiven Unbewussten heraus auf das bewusste Ich des Menschen.

Archetypische Träume tauchen besonders in Lebenskrisen auf, also dann, wenn unsere Seele stark aufgewühlt ist und das Bedürfnis nach inneren, Kraft gebenden Bildern besonders groß ist. Starke überpersönliche Frauengestalten, wie hier die Weiße Frau, erscheinen nicht selten in Träumen von Frauen, die in großer seelischer Not sind.

Traumimpulse aus dem Selbst

Als *Selbst* wird in der Analytischen Psychologie ein übergeordnetes autonomes Gestaltungsprinzip bezeichnet, das die Entwicklung des Menschen steuert. In unseren Träumen erleben wir daher Impulse aus der Ebene des Selbst als besonders stark und eindrücklich. Oft zeigen sie sich in Bildern, die die Selbstsicherheit stärken können. Wie im folgenden Traum, den mir ein junger Mann, der kurz vor dem Abschluss einer mehrjährigen analytischen Therapie stand, erzählte:

„Ich grabe ein sehr tiefes Loch. Nach vielen Arbeitsstunden kommt ein tellergroßes goldenes Medaillon zum Vorschein. Es trägt eine chinesische Schrift. Es ist ein sehr schönes Gefühl, den schillernden Teller zu betrachten.“

Der junge Mann war nach diesem Traum sehr glücklich, weil er das Gefühl hatte, mit dem goldenen Medaillon eines kostbaren Gutes aus dem Inneren seiner Seele habhaft geworden zu sein. Er erlebte diesen Traum als eine Art Krafttraum, der ihm Energie für alles gab, was vor ihm lag. Er hatte sein Abitur nachgemacht und wollte nun in einer Großstadt Medizin studieren. In jenem Moment standen für ihn die Trennung von seinem Therapeuten und ein Aufbruch zu Neuem an. Beides machte ihm Sorge. Der Traum löste eine Auseinandersetzung mit den Themen Selbstwerdung und Ganzwerden aus. Jahre später zeigte sich, dass dieser Traum dem Träumer ein wirklicher Begleiter geworden war, denn in vielen schwierigen Lebens- und Studiensituationen erinnerte ihn das erträumte goldene Medaillon daran, dass in seinem Inneren, in seinem Selbst, eine große Sicherheit stiftende Kraft lag.

C. G. Jung hat das Konzept des Selbst in Anlehnung an die indische Atman-Vorstellung entwickelt. In der indischen Philosophie versteht man unter Atman das individuelle Selbst als unzerstörbare, ewige Essenz des Geistes. Aus dem Bereich des Selbst kommen letztlich alle tiefer gehenden Impulse für die Entwicklung und Individuation des Menschen. Auch die Bilder für die göttlichen Mächte, die Gottesbilder, entstehen aus dieser Schicht der Psyche. Gläubige Menschen erkennen in solchen Bildern das Walten Gottes.

Man muss sich jedoch auch darüber im Klaren sein, dass aus dem Selbst heraus durchaus aufwühlende oder destruktive Impulse wirken können, die uns herausfordern und die nicht immer nur als hilfreich empfunden werden. Meist sind es genau diese Träume, die uns auf unserem Individuationsweg weiter voranbringen.

Sind wir für unsere Träume verantwortlich?

Träume können grausam sein, unmoralisch, verwerflich. Wir sind ihre Urheber, sie entspringen unserer eigenen inneren Wirklichkeit. Müssen wir uns also schämen, eventuell sogar Angst vor unseren Träumen oder gar vor uns selbst haben? Eine uralte Frage, auf die auch große Denker bereits eine Antwort suchten. So quält sich der bekehrte Augustinus im 4. Jh. n. Chr. in seinen „Confessiones" mit dieser Frage:

> „(...) die Bilder von diesen (erotischen Dingen), durch Gewohnheit dort eingeprägt. Tauchen sie auf, wenn ich wache, fehlt es ihnen zwar an Kraft, aber im Schlaf treiben sie mich nicht nur bis zum Lustgefühl, sondern auch zu willentlichem Bejahen, das ist schon fast zur Tat. Und solche Macht besitzt das Gaukelbild in meiner Seele und meinem Fleisch, dass falsche Gesichte den Schlafenden verlocken können, wo doch den Wachenden wahre (Gesichte) unberührt lassen. Bin ich denn, Herr, mein Gott, nicht auch im Schlaf ich selbst?" (Augustinus 1980: Buch X, 30)

Wahrscheinlich empfinden wir heute keine vergleichbaren Schuldgefühle für unsere sexuellen Träume. Schließlich sammeln sich im Traum eine Vielzahl von unbewussten Intentionen und Bedürfnissen an, denen der Träumer in seinem Schlafzustand ohne eine direkte Möglichkeit zur Einflussnahme ausgeliefert ist. Deshalb ist es nicht sinnvoll, hier von moralischer Verantwortung zu sprechen. Insbesondere bei Traumbildinhalten, die aus dem kollektiven Unbewussten initiiert sind, kann eine Verantwortlichkeit des Träumers nicht geltend gemacht werden.

Wenn man jedoch bedenkt, dass viele Träume durch Verdrängungen im bewussten Leben zustande kommen, so muss man Träume durchaus als Herausforderung an das wache Ich betrachten. Stellt sich der Träumer diesen Themen nicht, bleiben die Konflikte auch in seinem Leben ungelöst und er wird weiterhin mit denselben Problemen zu kämpfen haben. Eine verdrängte Sexualität hat zum Beispiel meist kompensatorische Träume zur Folge. Auch die Unterdrückung von Aggression oder ein vorsätzlich falsches Handeln können dazu führen, dass diese Themen im Traum ständig wieder auftauchen. Hier ist keine Reue angebracht, wohl aber eine reflektierende Traumarbeit mit dem Ziel einer Haltungsänderung im Ich-Bewusstsein. Dies ist Grundlage für die Differenzierung und Weiterentwicklung der Persönlichkeit. Nietzsches Worte können uns hier ein Ansporn sein.

> „In allem wollt ihr verantwortlich sein! Nur nicht für eure Träume! Welch elende Schwächlichkeit, welcher Mangel an folgerichtigem Mute! Nichts ist mehr euer Eigen als eure Träume! Nichts mehr euer Werk! Stoff, Form, Dauer, Schauspieler, Zuschauer – in diesen Komödien seid ihr alles ihr selber!“ (Nietzsche 1991: Aphorismus „Der Traum und die Verantwortlichkeit“)

3.
Die Sprache der Träume

Wir erleben unsere Träume in einem veränderten Bewusstseinszustand. Im Schlaf, wenn wir uns unterhalb der Schwelle des Wachbewusstseins befinden, erfahren wir eine Nachtseite, eine andere Welt, die außerhalb unserer verstandesmäßigen Kategorien von Raum und Zeit liegt. Emotionale Erfahrungen aus Vergangenheit und Gegenwart, aber auch solche, von denen wir annehmen, dass sie zukünftig Realität werden könnten, werden in unsere Träume integriert. Manchmal wird sogar völlig unbekanntes Material eingearbeitet.

Am Anfang jeder Traumanalyse steht die Frage: Wie erleben wir unsere Träume eigentlich? Wer sich mit seinen Träumen beschäftigt, wird auch feststellen: Nicht so oft finden wir klare verbale Äußerungen oder lineare Erzählstrukturen, wie wir sie aus geschriebenen Erzählungen kennen.

Unsere Träume sprechen vorwiegend in Bildern zu uns, die erst im Wachzustand bis zum bewussten Ich, und somit zum Hier und Jetzt, gelangen. Dabei sind manche dieser Bilder nicht nur visuell, sondern auch taktil oder per Geruch erfahrbar. Sie bringen mit ihrer Bildsprache nicht-rationale Energiemuster zum Ausdruck. Es ist eine Sprache, die auch der Wahrnehmungsweise von Kindern oder der Kommunikationsweise von Künstlern ähnelt. Zwar gibt es in Träumen immer wieder auch Sprache bzw. es wird in ihnen gesprochen. Dabei handelt es sich oft um akustisch vernehmbare sprachliche Traumsignale, die wiederum auch bildhaften Charakter haben können. Die Bildsprache unserer Träume ist also eine Art Urform der Gedankenübermittlung – eine Sprache, die zu übersetzen wir erst wieder erlernen müssen.

Imagines: Die Vermischung realer und innerer Lebenswelt

Um die Bildsprache unserer Träume besser verstehen zu können, lohnt es sich, sie genauer zu durchleuchten. Wie entstehen die Bilder in unseren Träumen? Sind sie etwa einfach nur Abbildungen unserer Wacherfahrungen? Die folgende Fallgeschichte macht dies deutlich:

> Ein älterer Mann träumte immer wieder von seinem Vater. Dieser war für ihn in vielerlei Hinsicht ein Vorbild gewesen, inzwischen jedoch längst verstorben. Zu der Zeit, als die Träume vermehrt auftauchten, beschäftigte sich der Träumer sehr mit seiner Situation als älter werdender Mann. Er fragte sich, was das Leben ihm denn noch bringen könne. Insbesondere im erotischen Bereich verspürte er einen starken Lebenshunger.
>
> In mehreren Träumen tauchte der Vater ganz realistisch so auf, wie er in seinen mittleren Jahren gewesen war und wie auch seine Umwelt ihn gekannt hatte. Andere Träume zeigten ihn als attraktiven, sportlichen und chic gekleideten Mann, der seine Familie verlässt und zu einer neuen Partnerin zieht. In den Träumen sind der Träumer sowie auch seine Schwester sehr beunruhigt. Noch mehr, so sagen die Träume, leidet seine Mutter unter dem Verhalten des Vaters.
>
> Der Mann erwachte aus solchen Träumen meist verstört und verwundert. Äußerlich schienen Traumvater und realer Vater völlig übereinzustimmen. Doch das Verhalten des Traumvaters hatte überhaupt nichts mit der Person zu tun, die der Träumer in Erinnerung hatte.

Wie ist diese Traumserie zu verstehen? Offensichtlich hatten sich hier mehrere Bedeutungsinhalte vermischt. Zum Bild des realen Vaters hatte der Traum noch andere Zutaten beigefügt. Der Vater erscheint nun als Mischbild. Doch welche Inhalte wurden hier vermischt? Da ist zunächst das Bild vom realen Vater. Es wird verbunden mit Anteilen des Vaters, die der Träumer wohl unbewusst an ihm wahrgenommen und abgespeichert hatte: seine Tendenz, vor Verantwortung in der Familie zu fliehen, ja, offenbar lebte der Vater sogar eine Nebenbeziehung, was dem Träumer bisher bewusst völlig unbekannt war.

Hinzu kommt ein weiterer Aspekt: Der Mann hatte seinen Vater stets als attraktiven und starken Mann gesehen, sportlich und sehr maskulin. Offenbar kompensierte er durch den traumhaft idealisierten Vater eigene Unsicherheiten und Schwächen. Der Vater schien so all die männliche Attraktivität zu besitzen, die der Träumer sich wünschte.

In den Träumen vom Vater ging es also weniger um den realen Vater, als um das, was der Träumer in ihm sah. Alle seine Vaterträume hatten unterschiedliche Schwerpunkte zum Thema, und je nach eigener Innenthematik bediente die Traumfigur Vater verschiedene Vaterbilder. Diese Bilder vermischten sich dann mit Personen und Beziehungskonstellationen, die dem Träumer bekannt und vertraut waren.

Solche Personen und Umstände, die für den Träumer eine persönliche Bedeutung haben, bezeichnet Jung als „reale Objekte“. Dies können auch Umweltbilder, wie z. B. Landschaften sein. Da wir automatisch verschiedene Anteile eines äußeren Objekts wahrnehmen, speichern wir ein Bild in unserer Psyche als inneres Mischbild ab. Teil dieses Mischbildes ist das Objekt selbst, und zwar so, wie wir es zuerst real wahrgenommen haben. Zu diesem Mischbild kommen dann verschiedene weitere Eigenschaften hinzu, die der Träumer bis zu diesem Zeitpunkt nicht bewusst wahrgenommen hat.

Innerpsychisch wird also ein Symbol des realen Objektes abgebildet, das für die verschiedenen im Mischbild abgespeicherten Inhalte steht. Jung bezeichnet diese Mischbilder als Imagines. Das folgende Beispiel soll helfen, diese etwas komplexen theoretischen Sachverhalte leichter zu verstehen. Eine 38-jährige Frau hatte eine Zeit lang eine Serie von eindrücklichen Mutterträumen. So träumte sie:

„Meine Mutter steht dick und hässlich in der Tür. Sie sieht aus wie eine richtige Hexe. Mit aller Gewalt drücke ich die Tür zu, damit sie draußen bleibt."

Sie hatte sich zwei Jahre zuvor dazu entschieden, den Kontakt zu ihrer Mutter abzubrechen und empfand ihre Mutterträume als sehr belastend. Sie wollte ihre Entscheidung keinesfalls rückgängig machen, da sie meinte, zuviel unter ihrer Mutter gelitten zu haben, und dem nun ein Ende setzen wollte.

Bei genauerer Beschäftigung mit ihren Träumen zum Mutterthema zeigte sich jedoch, dass sich immer wieder verschiedene Aspekte im Mutterbild vermischten. So hatte die Mutter in Folge einer Kindbettpsychose häufig an Unruhezuständen gelitten, die die Kinder nicht einordnen konnten. Dieses sonderbare Unwohlsein wurde von der Träumerin als Kind vermutlich unbewusst wahrgenommen. Der Hausarzt gab zwar Medikamente, aber es wurde nie darüber gesprochen, dass die Mutter „nicht ganz in Ordnung" sein könnte. Zudem hatte die Träumerin in schmerzhafter Erinnerung, dass die Mutter sie in ihrer Kindheit als Erziehungsmaßnahme in den Keller gesperrt hatte. Dort fantasierte sie im Dunklen über diese Ungerechtigkeit, wobei ihr viele boshafte Frauengestalten aus Märchen einfielen. Auch solche hexenhaften Vorstellungen gingen in das innere Mischbild ein. Interessant ist, dass die reale Mutter ohne die problematischen Hinzufügungen höchst selten in den Träumen dieser Frau auftauchte. Also dominierten die negativen Aspekte der Mutter die Traumbilder und führten wohl auch zu der Entscheidung, den Kontakt zu ihr völlig abzubrechen.

In der Realität hatte die Mutter hingegen durchaus positive Seiten. Sie war zwar eine sehr emotionale und leicht aufbrausende Person und hatte in Bezug auf ihre Kinder stark festhaltende Tendenzen, konnte aber auch im positiven Sinne sehr viel Nähe herstellen. Diese positiven Seiten der realen Mutter wurden jedoch in den Träumen von den negativen Mischbildanteilen völlig überlagert.

In der Traumarbeit führte eine intensive Beschäftigung mit den negativen Anteilen des Mutterbildes schließlich dazu, dass die positiven Anteile der Mutter wieder zutage kamen und die Träumerin so zu einem adäquateren Mutterbild fand.

Normalerweise lebt der Mensch mit den Mischbildern seiner Seele, den Imagines, in relativ enger Verbindung mit seiner Außenwelt. In manchen Kulturen wird die Verbundenheit von Innenwelt und der äußeren Realität besonders betont. Menschen, die in einer solchen „mystischen Einheit" leben, gelten sogar als Weise oder Schamanen. In unserer Kultur kann eine zu starke Vermischung beider Bereiche jedoch zu Realitätsverlust und Auflösung der Identität führen – also in eine problematische oder sogar psychisch bedrohliche Situation.

Gerade wenn die Grenzen zwischen Traum und Realität zu verschwimmen drohen, kann der klärende und verstehende Umgang mit den Bildern in den Träumen hilfreich sein. Wird ein erinnerter Traum adäquat interpretiert und verstanden, kann der Unterschied zwischen den Mischbildern der Traumwelt und der realen Lebenswelt bewusst werden.

Die Bilder der Träume „lesen" lernen

Wenn Träume in Bildern zu uns sprechen und wir deren Inhalte verstehen wollen, führt kein Weg daran vorbei, diese Bilder „lesen" zu lernen. Wie aber lassen sich die Inhalte, die in den Imagines zusammenfließen, zuverlässig ermitteln? Zunächst einmal ist es wichtig, den Traum innerhalb der Erfahrungswelt des Träumers einzuordnen, d. h. den Kontext herzustellen. Dabei muss insbesondere der Frage nachgegangen werden, welche bewusste persönliche Bedeutung die konkreten Traumbilder für den Träumer haben. Das folgende Beispiel soll illustrieren, wie dies im Einzelfall aussehen kann. Eine Patientin erzählte mir von folgendem Traum:

> „Ich sehe, wie meine Tante Erna gefüllte Einkaufstaschen vom Supermarkt nach Hause trägt."

Im Gespräch stellte sich heraus, dass die reale Tante Erna vor vielen Jahren an einem durch Alkoholmissbrauch verursachten Leberleiden verstorben war. Die Patientin fühlte sich zum Zeitpunkt des Traumes durch Beziehungsprobleme sehr belastet und trank immer öfter abends ein Glas zu viel, um überhaupt schlafen zu können. Die Traumfigur Tante Erna gab ihr gewissermaßen einen Hinweis auf eine mögliche eigene gesundheitliche Gefährdung durch zu hohen Alkoholgenuss. Jedenfalls löste der Traum eine Reflexion über die Problematik aus und ermöglichte schließlich eine Partnerberatung.

Bei der Herstellung des Kontextes ist nicht das freie Assoziieren der Freud'schen Psychoanalyse gefragt, sondern die genaue Beleuchtung der Assoziationen, die sich spezifisch um ein Traumbild gruppiert haben. Diese Sammlung von Einfällen zum jeweiligen Traumbild wird in der Analytischen Psychologie C. G. Jungs als *fokussierte Assoziation* bezeichnet.

In der Praxis sieht dies meist so aus, dass der Träumer sich im persönlichen Dialog selbst zu einzelnen Bildern und Inhalten befragt oder aber der Therapeut diese Aufgabe übernimmt. Der Träumer versucht dann, die Personen, Inhalte und Orte im Traum so genau wie möglich zu beschreiben, um sich somit die persönliche Bedeutung dieser Traumbilder bewusst zu machen. Die Kontextherstellung bildet die Basis der eigentlichen Verstehensarbeit mit dem Traum.

Objektstufe und Subjektstufe: die beiden Ebenen der Sinnfindung

Mit Hilfe des Wissens um den Kontext der Traumbilder, der ja zunächst einmal nur dem Träumer selbst bekannt ist, kann man sich dem eigentlichen Traumverstehen annähern. In der Analytischen Psychologie wird dazu auf zwei verschiedenen Ebenen gearbeitet: In der so genannten *Objektstufe* wird der Traum daraufhin untersucht, wie die Inhalte mit der Lebensrealität des Träumers in Zusammenhang stehen. Bei seiner Betrachtung auf der *Subjektstufe* wird die Annahme zugrunde gelegt, dass alles, was sich im Traum ereignet, und alle Bilder, die dort entstehen, Teil unseres Innenlebens sind. Dies ist – zugegeben – eine gewagte Annahme. Aber sind wir nicht selbst die Urheber unserer Träume? Warum sollten die Bilder, die dort auftauchen, nicht unserem eigenen Seelenleben entspringen? Für das Traumverstehen liefert die subjektstufige Traumbetrachtung jedenfalls einen reichen Zugewinn. Das folgende Beispiel zeigt, wie lohnend es sein kann, Träume differenziert auf der Objekt- und der Subjektstufe zu betrachten.

> Eine Träumerin berichtete, sie habe im Traum durch ihr Fenster beobachtet, wie ihre verheiratete Nachbarin einen Liebhaber empfängt. Sie selbst lebte alleine und war eine selbstständige und zufriedene Frau, die ihren Verzicht auf Erotik und Partnerschaft für ihren Lebensentwurf als stimmig empfand.

Es gab gute Gründe, den Traum objektstufig zu verstehen. Die reale Nachbarin gab durch manche Signale Anlass zu der Annahme, sie habe einen Liebhaber. Konkrete Hinweise hatte die Träumerin zwar nicht, aber sie war besonders wahrnehmungsempfindlich, was das Liebesleben anderer anging. Jedenfalls veränderte dieser Traum ihre Einstellung der Nachbarin gegenüber, denn sie lehnte Seitensprünge moralisch ab.

Als die Träumerin ihren Traum schließlich auf der Subjektstufe betrachtete, konnte sie dadurch neue Erkenntnisse für die eigene innere Situation gewinnen. So stellte sie sich zum Beispiel die Frage, wieso sie so etwas träumte und inwieweit dieses Thema, das im Traum mit der Nachbarin verbunden war, auch ihr eigenes Thema war. Dies führte sie schließlich dazu, ihre eigene Lebenssituation und ihre ungelebten Liebeswünsche neu zu bedenken und zu bewerten. Der folgende Traum macht noch einmal deutlich, wie ein Traum auf der Objektstufe sinnvoll interpretiert werden kann. Einer meiner Patienten erzählte mir:

> „Ich treffe meinen neuen Kollegen im Kindergarten. Er ist ungefähr fünf Jahre alt. Ich bin sehr verwundert, ihn als Kindergartenkind zu sehen."

Zunächst war der Träumer erstaunt über diesen Kurztraum. Im therapeutischen Dialog zeigte sich: Die Personalauswahl für ein neues Projekt machte ihm große Sorgen, denn es fiel ihm nicht leicht, die Qualifikation der zur Auswahl stehenden Mitarbeiter richtig einzuschätzen. Neben der – subjektiv betrachtet – wichtigen Information, dass er im Traum offensichtlich selbst auch im Kindergarten war, gab ihm der Traum auf der Ebene der Objektstufe einen deutlichen Hinweis darauf, dass der neue Kollege sich häufig recht unreif und damit für eine Führungsposition unangemessen verhielt. Er nahm das Traumsignal in seine Überlegungen auf und kam zu einer differenzierteren Sichtweise und damit zu einer besseren Einschätzung dieses Kollegen.

Oft liefern uns Träume neue Informationen über unsere Umwelt, die eine wertvolle Hilfestellung für unser zukünftiges Verhalten sein können. Vielfach werden solche Informationen im Wachleben zwar bereits unbewusst wahrgenommen, dringen aber erst über den Traum ins Bewusstsein.

Dies trifft natürlich insbesondere dann zu, wenn wir von uns bekannten Personen, beruflichen Situationen oder alltäglichen Lebensgegebenheiten träumen. Der Traum kann uns aber auch wichtige Informationen zu Menschen geben, die neu in unser Leben getreten sind. Träume können uns also helfen, Sachverhalte zu erkennen, die wir zunächst nur unterschwellig wahrgenommen hatten. Der folgende Traum zeigt, dass dies in Einzelfällen sehr weit gehen kann. Eine 45-jährige Frau, die ihre 84-jährige Mutter häufig zu Arztterminen begleitete, erzählte mir von folgendem Traum:

> „Mit meiner alten Mutter sitze ich am Küchentisch. Sie erzählt mir etwas und plötzlich legt sie ihren Kopf auf den Tisch. Ich erschrecke. Sie ist tot. Ich rufe laut: Mama!"

Drei Tage nach diesem Traum erlitt die Mutter einen Schlaganfall und starb bald darauf. Offensichtlich hatte die Tochter aus vielen verschiedenen Zeichen, dem körperlichen Abbau der Mutter und aus den besorgten Äußerungen der Ärzte intuitiv den baldigen Tod der Mutter erahnt. Der Traum ist somit objektstufig zu verstehen. Er hat sich in der Wirklichkeit bewahrheitet.

Jeder Traum sollte zuerst daraufhin abgeklopft werden, was er objektstufig bedeuten könnte, d. h. was er über die Beziehung des Träumers zu den Personen oder Gegenständen seines Lebensumfeldes sagen möchte. Insbesondere dann, wenn der Träumer sein Leben nur mangelhaft oder lückenhaft bewältigt, ist es in der Verstehensarbeit wichtig, die objektstufigen Signale des Traumes ernst zu nehmen und damit für eine bessere Anpassung des Träumers an seine Außenwelt zu sorgen.

Der Zugang über die Subjektstufe ist immer wieder fruchtbar und auch sehr beeindruckend. „Man darf nie vergessen, dass man in allererster Linie und sozusagen ausschließlich von und aus sich selber träumt." (GW Bd. 10,

§ 321), meint C. G. Jung und deutet das gesamte Geschehen in unseren Träumen als Teil unseres Seelenlebens.

Der Träumer selbst ist die gesamte Welt seines Traumes, und seine verschiedenen Persönlichkeitsanteile spielen auf der inneren Theaterbühne des Traumes ihr meist dramatisches Spiel. Personen, die neben dem Traum-Ich auftreten, können als weibliche oder männliche Persönlichkeitsanteile verstanden werden. Tiere stellen Facetten der instinktiven Animalität dar, Landschaften und Umwelt verbildern das aktuelle psychische In-der-Welt-Sein. Jedes Traumelement entspricht so einem psychischen Anteil des Träumers.

Exkurs: Geistesgeschichtlicher Hintergrund der Subjektstufenidee

Die Vorstellung, Träume subjektstufig zu verstehen, ist keine Neuentdeckung der Analytischen Psychologie C. G. Jungs, sondern findet Entsprechungen in vielen Bereichen der Geisteswissenschaft. Schaut man sich, auch kulturübergreifend, in der Geistesgeschichte ein wenig um, lassen sich viele ähnliche Vorstellungen entdecken. Jung hat diese Idee für das moderne Bewusstsein lediglich neu formuliert und anwendbar gemacht. Begeben wir uns auf einen kleinen Ausflug in die Philosophie, Theologie, Dichtung, Musik und Kunst, um die Grundhypothese der subjektstufigen Sichtweise in einem größeren Zusammenhang zu entdecken.

Das philosophische System Platons, das von vielen als Ausgangspunkt, ja sogar als Grundlage späterer philosophischer Bemühungen gesehen wird, lässt sich mit der Grundhypothese der Subjektstufenidee in Verbindung bringen. Bei Platon werden die Ideen vor der Geburt „geschaut". Idee leitet sich vom griechischen Wort für „sehen" (idein) her und bedeutet demnach „das Gesehene". Die Ideen sind im Inneren der Seele des Menschen bereits vorhanden oder gespeichert. Bei der Einkörperung der Seele geht jedoch aufgrund der starken Gegensatzdynamik zwischen Körper und Geist das geschaute Wissen verloren.

Um sich wieder an das Vergessene zu erinnern oder dieses „In-der-Seele-Gewusste“ wiederzufinden, empfiehlt der Philosoph die Gymnastik sowie die „philosophische Betätigung“. Auf diese Weise werde die Wiedererinnerung möglich. Platons Lehrerfigur Sokrates behauptet beispielsweise, dass er den Menschen nichts Neues beibringe, sondern ihnen helfe, sich wieder zu erinnern. Für ihn ist Philosophie „Hebammenkunst“, die dem Verborgenen ans Licht hilft. Die Parallelen zwischen Platons Idee der „Urbilder“ (Eidos) und Jungs Archetypenidee liegen auf der Hand.

Auch die mittelalterliche Theologie hat sich mit ähnlichen Fragestellungen beschäftigt. Schon beim alten Kirchenvater Origenes (185 bis etwa 254) ähnelt vieles der Idee der subjektstufigen Betrachtung von symbolischen Bildern. C. G. Jung zitiert ihn wie folgt: „Suche diese Opfertiere in dir selber, und du wirst sie innen in deiner Seele finden. (...) Verstehe, dass du auch eine zweite kleine Welt bist und dass in dir Sonne, Mond und Sterne sind.“ (GW Bd. 9/1, § 624)

Mystisch orientierte religiöse Menschen gehen meist ganz selbstverständlich von der Hypothese einer reichen und mit Gott angefüllten Innenwelt aus, die es durch verschiedene Mittel wie Meditation oder Kontemplation zu erfahren gilt. In diese Richtung deuten beispielsweise auch Aussagen des großen christlichen Mystikers Meister Eckehard.

Dichtkunst, Musik und Malerei legen ebenfalls nahe, von einem subjektstufigen Verstehen auszugehen. Viele große Literaten sprechen davon, dass sie in ihrem Innern bestimmte Sprachbilder finden. Die poetischen Wortsymbolschöpfungen stellen meist vieldeutige Aussagen über innerpsychische

Anteile des Dichters dar. Wenn z. B. in Goethes Faust die Rede davon ist, dass man zu den Müttern hinab gehen sollte, so ist hier natürlich nicht der Bereich der persönlichen Mutter gemeint, sondern der mütterliche Grund, den wir in der subjektstufigen Sichtweise der Analytischen Psychologie auch als „mütterliches" Unbewusstes bezeichnen könnten. Einzelne Figuren in literarischen Werken kann man so auch als Vertreter für relativ selbständige Funktionskomplexe in der Psyche des Dichters verstehen. Bestimmte Methoden der Literaturwissenschaft gehen heute in diese Richtung.

Auch bei vielen großen Komponisten ist davon auszugehen, dass sie die Musik in ihrem Innern bereits hörten und sie im Anschluss daran notierten. Ein besonders schönes Zitat dazu findet sich in der Oper „Die Meistersinger von Nürnberg" von Richard Wagner. Hier singt Hans Sachs: „Mein Freund! Das grad ist Dichters Werk, dass er sein Träumen deut und merk. Glaub mir, des Menschen wahrster Wahn wird ihm im Traume aufgetan; all Dichtkunst und Poeterei ist nichts als Wahrtraumdeuterei."

Träume als Ausdruck eigener innerer Themen

Was bedeutet es nun aber für die Arbeit mit unseren Träumen, wenn wir deren Inhalte subjektstufig verstehen wollen? Welche neuen Erkenntnisse für das Entziffern der Traumbotschaft kann uns das liefern? Sehen wir uns dazu den folgenden Traum einer jungen Frau genauer an. Sie träumte:

> „Ich komme zur Therapie. Meine Mutter kommt mir hinterher. Sie hat nebenan auch Therapiegespräche."

Auf der Objektstufe betrachtet öffnet sich in diesem Traum zunächst einmal das weite Feld der Mutter-Tochter-Beziehung. Die Träumerin hatte sich mit der für sie schwierigen, eher negativen Beziehung zur Mutter bereits eingehend auseinandergesetzt, sodass sich zu diesem Zeitpunkt die subjektstufige Sichtweise der Mutterfigur im Traum anbot. Tatsächlich tat sich nun im Dialog über den Traum eine ganz andere Dimension auf, und es konnten tiefe Unsicherheiten in Bezug auf die eigene Mutterschaft der Träumerin besprochen werden. Sollte oder wollte sie selbst Kinder bekommen? Brauchte ihr eigener innerer Mutteranteil Therapie? Die Anwendung der Subjektstufe lieferte im Dialog über den Traum den Schlüssel zu einer differenzierten Auseinandersetzung mit ihrer Einstellung zum eigenen Muttersein.

Auch der nächste Traum, in dem es sich, objektstufig betrachtet, um die Vater-Sohn-Beziehung handelt, eröffnet bei der Herangehensweise auf der Subjektstufe weitere Bedeutungsdimensionen. Ein Patient schilderte mir folgenden Traum:

„Ich trage die Asche meines Vaters in meiner Aktentasche mit mir herum. Die Asche riecht schon."

In einer analytischen Therapie hatte sich der Träumer bereits mit dem Verhältnis zu seinem Vater auseinandergesetzt und Kränkungen und Minderungen des Vaters ihm gegenüber als Hintergrund vieler seiner Probleme erkannt. Der Therapieprozess führte zu einer Aussöhnung mit dem Vater, dessen positive Seiten er nun stärker erkannte und der selbst unter einem problematischen Vater gelitten hatte. Bei der Betrachtung auf der Objektstufe konnte also nicht viel Neues erfahren werden. Daher bot sich die subjektstufige Sichtweise an, und im Gespräch wurde bald deutlich, dass die Asche in der Aktentasche wohl auf die eigene innere Väterlichkeit verwies, die tot und eingeäschert erschien.

Bei der Aktentasche handelte es sich im Übrigen um die Tasche, die er als Lehrer für seine Arbeit in der Schule benutzte, was wiederum auf den Zustand seiner väterlichen Gefühle in der Schule hindeutete. Als kumpelhafter Lehrer war er mit seinem pädagogischen Stil in eine Krise geraten und auch die Frage, ob er eigene Kinder haben wollte, stellte sich ihm immer drängender. Aufgrund des Traumes nahm der Träumer die Auseinandersetzung mit dem Thema Väterlichkeit an und konnte dadurch in seiner persönlichen Entwicklung deutlich weiterkommen.

Es ist nicht immer leicht, die geträumten Bilder mit eigenen subjektiven Inhalten und Gefühlen in Verbindung zu bringen und in den Traumbildern, die aus unserer Nachtseite aufsteigen, eigene Impulse widergespiegelt zu sehen. Es kann durchaus belastend sein, auf diese Weise mit unbewussten Anteilen konfrontiert zu werden. Immer wieder wehren Träumer die subjektstufige Betrachtungsweise ab oder weisen sie sogar heftig zurück. Oft scheinen hier Unverständnis der subjektiven Sichtweise gegenüber und Schutzbedürfnis angesichts der persönlichen Herausforderung Hand in Hand zu gehen.

Objektstufe oder Subjektstufe?

Welche Herangehensweise liefert aber nun die sinnvolleren Ergebnisse zum Verstehen eines Traums? Die Frage ob Subjektstufe, Objektstufe oder beide Sichtweisen Anwendung finden sollten, stellt sich bei jedem Traum aufs Neue. Es gibt in der Fachliteratur auch eine Tendenz, die Subjektstufe nur dann anzuwenden, wenn die objektstufige Betrachtungsweise nicht sinnvoll erscheint oder man meint, den Traum nicht befriedigend verstanden zu haben. Dabei bleibt es dem Traumversteher überlassen, ob er, entsprechend seiner Fähigkeit oder seinem persönlichem Geschmack, die subjektstufige Fragestellung an den Traum heranträgt oder nicht.

Entscheidend ist, dass die Persönlichkeit des Träumers beim Traumverstehen immer im Blick bleibt. So kann es beispielsweise für einen an die Außenwelt schlecht angepassten Träumer wichtig sein, besonders diejenigen Signale aus dem Traum herauszuarbeiten, die sich auf seine konkrete Umwelt beziehen. Doch die Subjektstufe sollte nie völlig außer Acht gelassen werden. Zumindest im Hintergrund ist sie eigentlich immer wirksam, kommt aber sinnvollerweise womöglich erst nach der objektstufigen Betrachtungsweise zum Tragen.

Bei der subjektstufigen Betrachtungsweise ist es zunächst immer wichtig, die im Traum vorkommenden konkreten Bezugspersonen zu durchleuchten. Sie müssen mit ihren spezifischen Eigenschaften verstanden werden, um anschließend herauszuarbeiten, welchen persönlichen seelischen Anteil des Träumers sie darstellen.

Die subjekstufige Sichtweise setzt innere Energien frei

Das Traumverstehen auf der Subjektstufe schafft oft Zugang zu starken inneren Energien, was im positiven Sinne bedeutet, dass diese nun nutzbar gemacht werden können. Insbesondere wenn eine Traumvorlage mit stark symbolischen Bildern angereichert ist, werden die archetypischen Energien deutlich spürbar. Das ist eine gute Grundlage für die Erkenntnis dieser inneren Kräfte. Die Begegnung mit diesen Potenzialen kann manchmal aber auch stark beunruhigen und im ungünstigen Fall eine seelische Gefahr bedeuten.

Neben problematischen psychischen Auswirkungen kann es als Reaktion auf die Befreiung von Energien aus den Träumen manchmal auch zu Somatisierungen kommen. Unbewusste Problemenergie der Psyche bildet bekanntlich einen wichtigen Faktor bei der Entstehung körperlicher Krankheitssymptome. Dies ist nicht erstaunlich, da in den Traumbildern grundsätzlich viele unserer inneren Konflikte ihren Ausdruck finden. Durch eine umsichtige Auseinandersetzung mit dem Traummaterial und gegebenenfalls auch die Unterstützung eines Fachmanns kann diesen Gefahren im Normalfall im guten Sinne begegnet werden.

Meist schafft jedoch die Betrachtung unserer Träume auf der Subjektstufe einen großen Gewinn. So können wir die Fähigkeit zur Introspektion und Introversion als Grundlage zur Selbsterkenntnis erlernen und viele uns noch unbekannte innere Facetten unserer Persönlichkeit kennen lernen. Dazu gehören natürlich nicht immer nur positive Eigenschaften. Die Erkenntnis und Annahme problematischer Eigenschaften kann jedoch dazu führen, dass wir geduldiger gegenüber den Fehlern anderer werden. Denn die Erkenntnis, dass auch wir Anteile an diesen negativen Eigenschaften besitzen, fördert unsere Selbstverantwortlichkeit.

Schließlich können wir auf diese Weise viele energetische Ressourcen freisetzen und nutzbar machen. Die Traumverstehensarbeit hilft uns also, unsere Energien aus den persönlichen Komplexen des Unterbewussten zu befreien und anzubinden. Dadurch gewinnt das bewusste Ich an Kraft und kann zu einem anderen Umgang mit eigenen problematischen Impulsen und mit Lebenskonflikten finden.

Nicht zuletzt können bei der subjektstufigen Traumbetrachtung Potenziale aus tieferen archetypischen Bereichen der Seele freigelegt und dem bewussten Ich zugeführt werden. Damit verbunden ist oft ein deutlicher Zuwachs an Kraft zur Lebensbewältigung und nicht selten stellt sich eine weisere Einstellung zum Leben ein.

Im tieferen Sinne bedeutet subjektstufige Traumarbeit, sich den unendlich vielen inneren Gegensätzen und polaren Energieimpulsen zu stellen. Denn sehr oft enthüllen unsere Träume genau das Gegenteil unserer ichbewussten Sichtweise. Wir müssen uns erst einmal den Spannungen und Energien zwischen den Gegensätzen ergeben, um am Ende eine innere Synthese erleben zu können. Dabei ist es notwendig, den Träumen und Traumbildern standzuhalten und der eigenen Innerlichkeit nicht mit fluchtartiger Extraversion auszuweichen. Wer auf diese Art fruchtbar mit den Botschaften seiner Träume umzugehen lernt, kann von ihnen vielleicht in ähnlicher Weise profitieren wie der folgende Träumer.

> Ein politisch sehr engagierter Mann träumte, er sei auf einer Veranstaltung seiner Partei. Während er noch mit anderen Parteimitgliedern diskutiert, erscheint plötzlich der alte Franz Joseph Strauß am unteren Ende der Tischrunde. Alle sind sehr erstaunt, und zunächst sagt niemand mehr etwas. Doch kurz darauf geht die Gesprächsrunde weiter, so als ob Strauß gar nicht mehr dabei wäre. Der Träumer ist erstaunt und auch voller Abwehr gegen diesen CSU-Politiker. Er erwacht verärgert.

In der Wirklichkeit war der Träumer ein junger engagierter SPD-Politiker, der in seiner politischen Arbeit in eine Krise geraten war. Er war sich seiner Durchsetzungskraft nicht sicher und zweifelte daran, die nötige Kraft zu haben, um sich im Streit um politische Ideen zu behaupten. Seine Zweifel gingen so weit, dass er sogar erwog, die Parteiarbeit aufzugeben. Strauß war für ihn ein Machtpolitiker, den er wegen seiner politischen Richtung ablehnte. Gleichzeitig sah er in ihm jedoch auch ein politisches Urgestein mit großer Potenz für Auseinandersetzungen. Die Strauß-Figur im Traum kompensierte also die ichbewusste Krise des jungen Mannes als Politiker. Auf diese Art ins Bewusstsein geholt, konnte er von dieser Kraftfigur im Traum profitieren. Mit Strauß als Innenfigur war ein sehr ermutigender Impuls entstanden, als Politiker weiterzuarbeiten.

C. G. Jung weist der Symbolsprache die Fähigkeit zu, umfassende Inhalte darzustellen. „Unter Symbol verstehe ich keineswegs eine Allegorie oder ein bloßes Zeichen“, schreibt er, (...) Ein Symbol umfasst nicht und erklärt nicht, sondern weist über sich selbst hinaus auf einen noch jenseitigen, nicht fassbaren, dunkel geahnten Sinn, der in keinem Worte unserer derzeitigen Sprache sich genügend ausdrücken könnte.“ (GW Bd. 8, § 644) Symbole zeigen sich überall in der Welt. Sie tauchen vielfach in Träumen, aber auch in Fantasien, Imaginationen oder unbewusst gemalten Bildern auf.

In seinen Überlegungen zur psychischen Energie betont C. G. Jung nachdrücklich die energetische Sichtweise aller psychischen Prozesse. Demnach sind auch die Symbole in den Träumen verbilderte Signale emotionaler Energien aus den verschiedenen Schichten des Unbewussten. Jung nennt die seelische Funktion, die zwischen dem Unbewussten und dem Ich-Bewusstsein vermittelt, *transzendente Funktion.* Die Auseinandersetzung zwischen den Gegensätzen Ich-Bewusstsein und Unbewusstes bringt ein Drittes hervor, nämlich das Symbol. Ein solches Symbol kann man sich dann wie ein Kraftzentrum vorstellen, in dem gegensätzliche Impulse aufeinander treffen und sich verbinden.

Die so entstandenen Inhalte bahnen sich in Form von symbolischen Bildern einen Weg ins bewusste Ich. Weil das Symbol der bestmögliche Ausdruck für einen unbekannten Inhalt ist, ist er auch nur bedingt fassbar. So weist zum Beispiel in einem Traum ein brennender Busch als Symbolbild weit über das bloße Bild hinaus auf viele Aspekte hin, bis hin zur Gotteserscheinung. So ist es nicht verwunderlich, wenn eine wiederholte Dechiffrierung von Traumbildern zu vielfältigen, ja oft entgegengesetzten Ergebnissen führen kann. Daraus folgt auch, dass eine vereinfachende, schnelle Traumdeutung auf jeden Fall zu vermeiden ist.

Beim Verstehen der Symbolik unserer Träume gilt immer: Die persönliche Sichtweise des Träumers ist beim Symbolverstehen stets mit einzubeziehen. Seine Beteiligung an der Suche nach der Symbolbedeutung und seine subjektive Sicht sind für das Verstehen der Trauminhalte äußerst wichtig. Zudem bedarf es natürlich bestimmter Kenntnisse allgemeiner und spezifischer Symbolik sowie einer Einübung in das symbolische Denken, um die Symbolsprache in den Träumen angemessen verstehen zu können.

Symbolverstehen durch kollektives Wissen bereichern

Neben den persönlichen Bedeutungen, die ein Symbol haben kann, liefern auch kollektive Bedeutungen wichtige Hinweise zum Verstehen. Sie können ergänzend herangezogen werden, um die Symbolsprache eines Traums zu entziffern. Diese Methode wird in der Analytischen Psychologie *Amplifikation* genannt. In der folgenden Fallgeschichte drängte sich eine solche Amplifikation geradezu auf. Sie werden sofort erkennen, warum. Eine Patientin erzählte mir von folgendem Traum:

> „Mit meiner Schwester war ich im Wald. Wir sahen auf einmal ein Häuschen, das über und über mit Lebkuchen bedeckt war. Wir gingen hin und wollten am Kuchen knabbern. Da ging plötzlich die Tür des Hauses auf und eine richtig hässliche Hexe kam heraus. Die Alte lockte uns mit gebogenem Zeigefinger ins Haus. Ich spürte einen starken Sog. Wie von einem Magnet gezogen mussten wir zu ihr ins Haus."

Wie unschwer zu erkennen ist, bietet es sich bei diesem Traum an, das Märchen Hänsel und Gretel als Erklärungsmuster hinzuzuziehen. Die Traumszene ist schließlich fast identisch mit dem entsprechenden Motiv des Märchens. Die

Träumerin hatte einen starken negativen Mutterkomplex und hatte gerade begonnen, sich mit diesem Thema auseinanderzusetzen. Durch die Figur der bösen Hexe führte der Traum ihr eine bedrohliche und boshafte Mütterlichkeit vor. Die Träumerin erkannte so die archetypische Dimension ihrer Problematik und konnte in ihrer persönlichen Aufarbeitung des Mutterkonflikts vorankommen.

Die Methode der Amplifikation kommt beim Traumverstehen dann zum Tragen, wenn die Trauminhalte einen deutlichen Bezug zu symbolischen Bildern aus dem kollektiven Unbewussten erkennen lassen. Mythologische Bilder oder Bildgeschichten aus den Weisheitsbüchern der Menschheit wie der Bibel, dem Koran oder I Ging, auch „Buch der Wandlungen" genannt, der älteste der klassischen chinesischen Texte, können in der Traumarbeit konsultiert werden. Insbesondere Märchen und Mythen mit ihren vielen archetypischen Motiven und Lebenswegmöglichkeiten bieten sich als erweiterte Interpretationsgrundlage an. So kann die individuelle Bilderwelt des Traums mit dem kollektiven Bildmaterial archetypischer Art und somit mit allgemein menschlichen Lebenssituationen in Beziehung gesetzt werden.

Die Verstehensarbeit mit dem folgenden Traum soll zeigen, wie die Symbolsprache der Träume gelesen werden kann. Hier bildet eine Tierfigur, der Wolf, symbolisch seelische Inhalte des Träumers ab. Ein Patient erzählte mir von folgendem Traum:

> „Ich bin mit meiner Frau in der Küche meines Elternhauses. Plötzlich springen Wölfe gegen die Balkontür und wollen rein. Ich erschrecke fürchterlich, habe Angst und nehme schließlich das große Brotmesser in die Hand."

Der Träumer litt in dieser Zeit unter starken diffusen Ängsten. Er befand sich in einer analytischen Therapie, wo mit seinen Träumen gearbeitet wurde. Bei der Kontextherstellung und unter Berücksichtigung der persönlichen Erfahrung mit der Küche des Elternhauses, zeigte sich, dass dieser Bereich des Hauses sehr Mutter-dominiert war. Die Mutter war hier sozusagen in ihrem Reich. Gleichzeitig hatten die Eltern dort aber auch oft massive Auseinandersetzungen, und besonders die Mutter äußerte ihre negativen Gefühle meist in der Küche. Andererseits war die Küche Ort des gemeinsamen Essens und immer wieder der Raum, der Geborgenheit vermittelte. Über die Auseinandersetzung mit diesem Traum kam die familiäre Vergangenheit, die Beziehung zur Mutter und den Eltern für den Träumer in Erinnerung und wurde im therapeutischen Dialog bearbeitet.

Bei der Annäherung an das Symbol „Wolf" stellte sich zuerst die Frage: Was fällt dem Träumer zu diesem Tier ein und was weiß er über Wölfe? Der Patient hatte große Angst vor Wölfen. Genauer genommen waren angreifende Wölfe das Schlimmste, was er sich vorstellen konnte. Genau diese Angst führte aber im Traum auch dazu, dass er allen Mut zusammennahm und den aggressiven Tieren mannhaft entgegentrat.

Im zweiten Schritt der Annäherung an das Symbol „Wolf" ging es dann darum, herauszufinden, was kollektiv über Wölfe bekannt ist und was sich zu diesem Traummotiv sinnvoll amplifizieren lässt. Der Wolf ist ein typischer „Verschlinger", hat etwas Wild-Teuflisches. Wie wir alle aus dem gleichnamigen Märchen wissen, frisst er „Rotkäppchen" auf. Schließlich kommt es aber zu einer glücklichen Neuentstehung. Die positiven Seiten des Wolfes sind seine Stärke und sein Mut. In Rom ist eine legendäre Wölfin das Wahrzeichen der Stadt – ein Sinnbild animalischer Kraft, das die Zwillinge Romulus und Remus rettete.

Im Traum versuchen die Wölfe, in die Küche der Kindheit einzudringen. Sie symbolisieren so einerseits eine Bedrohung durch Verschlingen, andererseits aber auch animalische Kraft. Für den Träumer stand zunächst die ängstigende Seite der Wölfe im Vordergrund. Im therapeutischen Dialog kam dann der Gedanke auf, dass die positive Kraft der Wölfe vielleicht hilfreiche Impulse in den problematischen Küchenraum bringen könnte. Schließlich hatten die Wölfe im Traum eine für den Träumer sonst unübliche männliche, kämpferische Haltung provoziert und ihm gewissermaßen die Kraft gegeben, mit dem Messer in der Hand gegen seine Angstgefühle anzukämpfen.

Um die für das Traumverständnis oft sehr fruchtbare Methode der *Amplifikation* anwenden zu können, bedarf es des Wissens um Inhalte aus dem kollektiven Unbewussten, in denen eine vielfältige Symbolik vorkommt. Dabei ist bei der Traumarbeit jedes Mal individuell zu entscheiden, ob solche kollektiven Quellen mit einbezogen werden sollen oder ob ihre Berücksichtigung lediglich zu einer konstruierten Interpretation führen würde. Auf bestimmte symbolische Bilder und wichtige Symbole werde ich zu einem späteren Zeitpunkt noch zurückkommen.

Wohin uns unsere Träume führen: Progression und Regression

Nicht nur die Bedeutungen der Bilder geben uns Auskunft über die Inhalte unserer Träume. Häufig liefern uns auch die Bewegungen, die sich im Traumgeschehen vollziehen, wichtige Hinweise: In welche Richtung laufen die Personen? Sind sie schnell oder langsam unterwegs? Oder sogar völlig bewegungsunfähig?

Regression und Progression sind Bewegungen der Libido – also der Energie – im psychischen Organismus. In der Regression fließt die psychische Energie zum Unbewussten hin, die

Progression dagegen ist eine Libidobewegung in Richtung Bewusstsein.

Unser gesamter Lebensablauf kann als Zusammenspiel von Regression und Progression betrachtet werden. Auch während kleinerer Einheiten unseres alltäglichen Lebens ergänzen sich beide Libidotendenzen und wechseln sich ab. Unseren Schlaf können wir beispielsweise als Regression verstehen. Deutlich wird das in Äußerungen wie „Schlaf mal drüber!“. In dieser nächtlichen Regression ist uns eine Unmenge von im Unbewussten gespeicherten Erfahrungen ganz besonders zugänglich. Mit den in der Phase der Regression gewonnenen Informationen können wir dann in die Progression gehen, d. h. aktiv problemlösungsorientiert handeln.

Rückwärts- bzw. Vorwärtsbewegungen der Libido lassen sich in manchen unserer Träume ablesen. Oft wird diese innerpsychische bzw. unbewusste Dynamik dann auch im Wachleben wirksam. Auf den Traum bezogen lassen sich die Libidoströmungen am besten mit Hilfe von zeitlichen Abläufen darstellen. So können wir Traumereignisse, die in die Vergangenheit deuten, als regressive Tendenzen verstehen. Progressiv ist hingegen die Darstellung oder Thematisierung von Zukünftigem.

Ein Beispiel für regressive Tendenzen ist zum Beispiel das Traumerleben einer erwachsenen Frau, die sich in ihren Träumen immer wieder als kleines Mädchen mit ihrer Mutter sieht. Hier wird die Vergangenheit durch den Rückschritt in ein früheres Lebensalter verdeutlicht. Eine progressive Dynamik hat der Traum einer Frau, die sich in einem Spiegel sieht und wahrnimmt, wie gut und selbstbewusst sie aussieht. Ihr wird klar, dass sie später einmal so wie im Spiegel sein wird. Dieser Traum enthält Zukünftiges, etwas, das später einmal so sein wird oder so sein soll, weil der Träumer es sich wünscht.

Oft führt die Energie in den Träumen regressiv rückwärts in die Vergangenheit zu einer abgespeicherten Erinnerung, um die dort gebundene Energie zu lösen. Das Ziel einer solchen Regressionsbewegung sind dabei die Komplexfelder, d. h. die Energiezentren im persönlichen Unbewussten der Psyche. Die Energien sollen dort abgeholt und in den Gesamtkreis der Psyche eingebunden werden. Die so befreite Komplexenergie ist dann für eine progressive, d. h. auf die Zukunft gerichtete, Dynamik nutzbar. Die befreiten Energien fließen aus dem Unbewussten zum bewussten Ich und stehen der zukünftigen Lebensgestaltung zur Verfügung. So kann eine Erweiterung der Möglichkeiten und eine Differenzierung des bewussten Ichs in Gang gesetzt werden.

Auch Bewegungen nach links oder rechts bzw. nach unten oder nach oben entsprechen häufig einer regressiven bzw. einer progressiven Dynamik. Symbolisch kann man das Links (oder die Bewegung nach unten) oft als das Vergangene, das eher unbewusste und Dunkle ansehen. Rechts (oder eine Tendenz nach oben) kann sich das Zukünftige, eine Bewegung zum Bewussten und damit das Hellere darstellen. Dies macht auch der folgende Beispieltraum eines Patienten deutlich:

> „An einem Fluss sehe ich links in einiger Entfernung einen Wal aus dem Wasser springen. Ich laufe hin, und der Wal kommt ganz nah, sodass ich ihn fast berühren kann. Er schwimmt aber dann weg, den Fluss hinunter. Wenig später bemerke ich, nach rechts schauend, wie sich unter der Wasseroberfläche des Flusses etwas bewegt. Etwas treibt im Wasser. Ich erkenne einen jungen Elefanten, der im Fluss badet."

Die Wendung nach links führt zurück. Interessant ist, dass hier links auch der Wal auftaucht, der mit seiner Symbolik des Verschlingens – man denke etwa an die Biblische Geschichte von Jona im Walfischbauch – ebenfalls eine regressive Dynamik verkörpern kann. Nach rechts bewegt sich die

Dynamik in die Progression. Hier entdeckt der Träumer dann auch einen noch jungen Elefanten. Ein neues, noch nicht voll entwickeltes Kraftpotenzial, das für die Zukunft hoffen lässt. Im Folgenden sei ein interessantes Traumbeispiel für eine progressive Tendenz genannt, hier ein „Hochhinaus-Wollen", das Schwierigkeiten bereitet.

> „Ich steige einen Berg hinauf. Ich möchte auf den Gipfel, den ich ganz hoch oben sehe. Es ist sehr mühselig, und ich komme sehr ins Schwitzen. Der Weg wird immer schwieriger, und schließlich muss ich auf Geröll weiter hinaufsteigen. Das ist mir dann zu schwer. Ich kehre um und gehe zurück ins Tal zu den anderen Frauen."

Auf Grundlage der Lebenssituation der Träumerin konnte der Traum verstanden werden. Nach der Familienzeit wollte die 45-jährige Träumerin wieder in ihren Beruf als Sozialarbeiterin einsteigen. Sie fand eine Arbeitsstelle, die sie intellektuell sehr forderte und geriet schon während der Probezeit in eine seelische Krise. Den Traum hatte sie, kurz bevor sie sich entschied, die Probezeit abzubrechen und mit der Berufstätigkeit erst einmal zu warten. Im Traum wird deutlich, dass die Träumerin den Berganstieg zu einem hohen Gipfel nicht bewältigt. Sie kehrt um zu den „anderen Frauen", Frauen aus ihrem Bekanntenkreis, die auch nicht berufstätig waren, sondern sich um die Familie und Ehrenämter kümmerten. Die Symbolik des „hoch hinauf" und des regressiven „hinunter ins Tal" ist eindeutig und wurde auch von der Träumerin als persönliche innere Dynamik gut verstanden. Einige Monate später fand sie eine Arbeit, die ihren Fähigkeiten besser entsprach und es ihr auch ermöglichte, die Bereiche Familie und Beruf zufriedenstellend zu vereinbaren.

Wie wir uns zur Welt stellen: Extraversion und Introversion

Nach C. G. Jung werden wir alle von den beiden Einstellungsfunktionen *Extraversion* (wörtlich: „Nach-außen-Wendung") und *Introversion* (wörtlich: „Nach-innen-Wendung") geleitet. In den Einstellungstypen erkennt Jung eine Gegensatzstruktur, die auf dem Bezugspunkt der Energie- oder Libidozuwendung basiert. Extravertierte Menschen sind mehr objektorientiert: Sie vertrauen auf die Gegebenheiten in der Außensituation. Introvertierte sind mehr auf sich selbst bezogen und objektdistanziert: Sie haben eher Angst vor der Außensituation. Jung spricht vom extravertierten und introvertierten Typus.

Heute geht man davon aus, dass jeder Mensch sich persönlichkeitsspezifisch auf einem Kontinuum zwischen den Polen Extraversion und Introversion bewegt. Extraversion und Intoversion sind also zwei wesentlich voneinander verschiedene Möglichkeiten, wie wir uns der Welt und den Objekten gegenüber einstellen. Extravertiert gehen wir eher auf die Dinge der äußeren Welt zu, in der Introversion wenden wir uns stärker dem eigenen Ich und den inneren Objekten, d. h. unseren Vorstellungen, Erfahrungen und Emotionen zu.

Diese beiden Einstellungsfunktionen sind nicht nur im wachen Leben, sondern auch in unseren Träumen wirksam und bei der Traumbetrachtung erkennbar. Es ist interessant und für die Erkenntnis der unbewussten energetischen Gestimmtheit gewinnbringend, in unseren Träumen danach Ausschau zu halten, in welche Richtung der Energie- oder Libidostrom geht. Im Traum ist oft zu sehen, ob wir zurzeit mehr „draufgängerisch" nach vorne streben oder in unserem Verhalten eher zurückhaltend sind und uns vorausschauend absichern. Die Bewegungen in den Traumbildern lassen Schlüsse auf diese libidinösen Bewegungen im Unbewussten zu. Zudem kann man davon ausgehen, dass die geträumte Dynamik auf das bewusste Leben Einfluss hat bzw. sich im Tageserleben zeigen wird.

Wie die regressive und progressive Dynamik können auch Introversion und Extraversion in unseren Träumen symbolisch dargestellt sein. Ein Beispiel für eine introvertierte Dynamik ist etwa das folgende Traumgeschehen:

> Ein junger Mann träumte, er solle auf eine Party mit Freunden. Eigentlich will er aber lieber zu Hause bleiben und etwas zur Ruhe kommen. Zu gegebener Zeit setzt er sich schließlich doch ins Auto, um zur Party zu fahren. Er kommt aber nicht voran, da sich ihm ein größeres Gefährt in den Weg gestellt hat und ihn zurückschiebt. So wird er sanft, aber mit Nachdruck, zurückgedrängt.

Die Dynamik führt hier nicht zu äußeren Objekten, den Freunden auf der Party. Sie weist auf den Wunsch nach einer Hinwendung nach innen hin. Der Träumer will im Traum nicht wirklich auf diese Party. Gegen die Extraversion hin zu den Partygästen steht sein Wunsch, alleine zu sein. Das große Fahrzeug, das sein Vorankommen behindert, steht hier symbolisch für die Abneigung gegen den Partybesuch.

Die Dynamik in unseren Träumen kann also für unser Wachleben wichtige Hinweise auf unbewusste Libido-Tendenzen liefern. Wer diese Dynamik erkennt, kann sich diese Tendenzen bewusst machen und so zu mehr Selbsterkenntnis gelangen. Wir können dann gegebenenfalls versuchen, gegenzusteuern oder mehr das zu leben, was unserer inneren Wahrheit entspricht.

4.
Traum und persönliche Wirklichkeit

Träume sind Teil unserer Lebensrealität. Auch wenn wir sie nachts, im Ruhezustand und weitab vom täglichen Erleben erfahren. Sie prägen uns ähnlich wie wache Eindrücke und sie haben Folgen für den Alltag. Wie aber hängen Traum- und Wachwirklichkeit zusammen? Sind wir im Traum denn noch wir selbst? Was hat unser Traumerleben mit der Lebensrealität zu tun? Gibt es einen Zusammenhang, der es lohnend erscheinen lässt, die Trauminhalte zu verstehen? Um diese Fragen soll es im Folgenden gehen.

Zum Verhältnis von Traum-Ich und Wach-Ich

Bin ich noch ich im Traum? Diese Frage hat sich sicherlich jeder schon einmal gestellt. Wenn wir beispielsweise im Traum plötzlich ganz anders aussehen, jünger oder älter sind, hübscher oder hässlicher. Oder wenn wir im Traum Dinge tun, die uns im Wachzustand überhaupt nicht in den Sinn kämen. Doch sind wir im Traum wirklich so ganz anders als im wachen Leben? Wie steht das Traum-Ich tatsächlich zum Wach-Ich?

Die Analytische Psychologie geht davon aus, dass beim Träumen beide Ichs miteinander in Beziehung stehen. Das bewusste Ich empfängt durch den Traum, den es als Wach-Ich erinnert, Signale aus dem Unbewussten. Gleichzeitig ist das Wach-Ich in vielerlei Hinsicht am Entstehen der erinnerten Traumbilder beteiligt.

In fast allen unseren Träumen ist ein „Ich" präsent. Wir haben das Gefühl, wir sind mit unserer Erlebnisfähigkeit im

Traumgeschehen ebenso anwesend und involviert wie im Wachzustand. Fast jeder erlebt seine Träume aus der Ich-Perspektive, kann sehen, hören und fühlen – wie auch in seinem wachen Leben. Das Traum-Ich wird als eine Art Verlängerung des Wach-Ichs in den Traum hinein erfahren. Wie aber steht es mit den Eigenschaften und Fähigkeiten des Traum-Ichs? Sehen wir uns dazu das folgende Traumbeispiel an. Ein junger Vater berichtete mir von folgendem Traum:

> „Ich sehe, wie meine Kinder auf die Straße laufen, um zu spielen. Ich ermahne sie eindringlich, im Garten zu bleiben, da es auf der Straße zu gefährlich sei. Sie laufen aber trotzdem auf die Straße. Ich werde ärgerlich und versuche sie zu rufen. Sie hören nicht."

Im Gespräch über den Traum räumte der Vater eine ganz deutliche Parallele zu seiner Situation als Vater und Autoritätsperson ein. Das Traum-Ich handelt wie das Wach-Ich. Wie unschwer zu erkennen ist, weist der Traum auf die fehlende Autorität bei den Kindern hin.

Eine weitgehende Übereinstimmung von Traum-Ich und Wach-Ich scheint die Regel zu sein. Viele Analytische Psychotherapeuten, die mit vielen tausend Patiententräumen nach den Ideen von C. G. Jung gearbeitet haben, berichten dies aus ihrer Praxis. Zwischen dem bewussten Wach-Ich und dem Traum-Ich besteht demnach doch keine so erhebliche Differenz wie oft angenommen wird. Offensichtlich nutzt das Traum-Ich die gleichen Abwehrmechanismen und hat in entsprechenden realen Situationen überwiegend die gleichen Empfindungen wie das Wach-Ich. Dieses verfügt normalerweise über ein erhebliches Maß an Konstanz und Stabilität und bemüht sich entsprechend, diese Funktionen auch im Traum aufrechtzuerhalten.

Von interessanten Abweichungen abgesehen, ähneln auch Tun und Lassen des Traum-Ichs meist denen des Wach-Ichs in der Realität. Um genau diese Abweichungen geht es in der folgenden Traumgeschichte. Es handelt sich hier um den Traum eines jungen Arztes:

> „Ich bin in einem Schwimmbad. Per Lautsprecher wird ausgerufen, dass sich ein Arzt melden soll. Ich melde mich und werde gebeten, ein verletztes Kind zu retten. Anstatt an den Schauplatz des Unfalls zu gehen, schicke ich aber den Bademeister mit meinem Taschentuch hin."

Eigentlich hielt der Träumer sich für einen verantwortungsbewussten Arzt, fürsorglich und hilfsbereit. Sein Traum-Ich-Verhalten hatte gar nichts damit zu tun, wie sein Wach-Ich sich verhalten würde. Wie lässt sich diese Abweichung erklären? Solch ein abweichendes Verhalten kann wichtige Hinweise aus Bereichen des Unbewussten liefern. Nicht selten lässt sich im Traum-Ich-Verhalten ein Hinweis darauf finden, dass der Träumer in seinem Leben gerade vor schwierigen Entscheidungen steht. Der innere bewusste Konflikt, ob man sich für oder gegen ein bestimmtes Verhalten entscheiden soll, kann im Traum zur Bestätigung einer der beiden Haltungen führen.

Dieser Interpretationsansatz erwies sich bei dem Arzt aus unserem Beispiel als sehr sinnvoll. Das Traum-Ich scheint hier eine Handlungsalternative vorzuschlagen, die als Signal an das Wach-Ich zu verstehen ist. Es stellte sich nämlich heraus, dass der Arzt beruflich in eine Krise geraten war und unter einem Burn-out-Syndrom litt. Offensichtlich wollte er in dieser Situation einfach nicht mehr helfen. Darüber hinaus gab der Traum aber auch Hinweise auf eine dahinter liegende innere Problematik. Denn subjektstufig gibt der Traum auch zu verstehen, dass der Träumer keine Verantwortung für sein verletztes und hilfsbedürftiges inneres Kind übernimmt. Er begnügt sich mit einer großspurigen, leeren Geste: Im Traum erhält das arme Kind nur ein Taschentuch. In dieser Nichtbeachtung des inneren Kindes liegt wohl auch der Schlüssel zur seelischen Erschöpfung des Arztes. Das fragwürdige Verhalten des Traum-Ichs ist als Kritik am Verhalten des Wach-Ichs und als Aufruf zur ernsthaften Auseinandersetzung mit dem Burn-out-Syndrom zu verstehen. Solche Träume werden oft als unangenehm und konfrontierend empfunden.

Nicht selten kann man aus einem abweichenden Traum-Ich-Verhalten eine Warnung oder Kritik ablesen. Der Traum kann Aufschluss über Aspekte der Persönlichkeit geben, die dem Träumer ansonsten verborgen blieben. Richtig verstanden können Signale aus den Träumen die bewusste Einschätzung einer Situation, eines Lebensthemas oder einer anderen Person verändern. Auch das folgende Traumerleben einer jungen Frau macht deutlich, dass das Unbewusste im Traum Kritik an dem möglicherweise idealisierten Wach-Ich des Träumers üben kann.

> „Ich schwimme in einem idyllisch gelegenen Schwimmbecken. Ich fühle mich wunderbar, wie eine richtige Prinzessin. Plötzlich werde ich von einem Mädchen bedroht, einer schmutzigen und wütenden Straßengöre."

Im Dialog mit der Patientin zeigte sich, dass diese im wahren Leben von Vater und Ehemann als „Liebling" und „Prinzessin" verwöhnt wurde. Der Traum macht hingegen deutlich: So sehr sie diese Rolle auch genießt, wenn sie nur als umschwärmte und umsorgte Tochter und Ehefrau lebt, bleiben viele ihrer inneren Impulse ungelebt. Darum bringt ihr Traum die Dynamik der Straßengöre ins Spiel – das genaue Gegenteil der Luxusfrau.

Die Konfrontation mit einer solchen Kritik aus dem Unbewussten kann in der Verstehensarbeit mit dem Traum aufgegriffen werden. Sie führt dann oft dazu, dass eine realistischere und der Lebenssituation angemessene Einstellung entsteht. Auch spezifische Lebensprobleme können so einfacher bewältigt werden. Möglicherweise wird durch die Annahme einer solchen Kritik sogar eine vorliegende Entwicklungshemmung aufgehoben.

Vom Traum-Ich lernen

Ein Traum kann „positive Kritik“ liefern, d. h. das Traum-Ich kann sich im positiven Sinne völlig anders verhalten als sein waches Pendant. So kann es uns beispielsweise auf Fähigkeiten hinweisen, die in uns stecken und die wir bislang noch nicht erkannt haben und uns gewissermaßen vorleben, wie wir sein könnten, was wir tun oder was wir lieber lassen sollten. Dazu ein weiteres Beispiel.

> Ein junger Uhrmacher träumte davon, dass ein Kunde ihm eine kostbare alte Uhr zur Reparatur bringt. Er ist zunächst unsicher, ob er qualifiziert genug ist, diese anspruchsvolle Arbeit auszuführen, spürt aber plötzlich ganz deutlich, dass er diese Aufgabe in seinem neuen Laden gut bewältigen kann.

In der Realität hatte der Uhrmacher kurz vor diesem Traum eine Reparatur nicht übernommen, weil er befürchtet hatte, daran zu scheitern. Er war sich seiner Fähigkeiten nicht sicher, und der Traum machte ihm Mut, gab ihm Zuversicht und Selbstvertrauen. Und er löste die Aufgabe dann auch mühelos. Auch der folgende Traum hatte für den betroffenen Patienten eine ermutigende Wirkung.

> Ein extrem schüchterner junger Mann, der sehr unter seiner fehlenden Fähigkeit zur Initiative litt, träumte davon, dass er in einer Disco ganz offen auf andere junge Menschen zuging.

Der Traum machte dem jungen Mann Mut für die Zukunft und half ihm, seine Ängste vor Zurückweisung abzubauen.

So konnte er bald auch im Wachleben aktiver und offener sein.

Das aktive Mitwirken des Traum-Ichs im Traumgeschehen lässt im Allgemeinen auf eine dem Wach-Ich relativ nahe bewusste Auseinandersetzung mit dem Traumthema schließen. Nimmt das Ich im Traum jedoch die passive und teilnahmslose Position eines distanzierten Beobachters ein, so lässt dies eher darauf schließen, dass der Träumer eine vage, unbestimmte Haltung gegenüber dem Traumthema einnimmt und sich vielleicht zu diesem Zeitpunkt den angebotenen Herausforderungen noch nicht stellen kann. Also versucht er erst einmal, ihnen weiterhin auszuweichen.

Im Traum auftretende Themen können jedoch ebenso in einem von der Lebensrealität des Träumers weit entfernten Kontext oder in relativ großer räumlicher Distanz situiert sein. Auch diese räumliche Distanz kann Hinweise auf den Bezug des Träumers zu besagtem Thema geben. Dies verdeutlicht das folgende Beispiel.

> Ein Mann träumte davon, dass er sich eine Auslandsreportage ansähe. Ihm fiel besonders das Verhalten einer Gruppe von Soldaten auf, die ganz besonders grob mit Frauen umgingen.

Der Träumer litt unter Beziehungsproblemen zu Frauen und hegte ihnen gegenüber unbewusst ganz offensichtlich Wut und Aggression. Im Traum verlegte er diese Gefühle weit weg von seinem bewussten Ich in ein Geschehen, das sich im fernen Asien abspielte und nur durch die Distanz schaffende Bildschirmoberfläche in seinen Traum gelangte. Dies zeigt, dass er zum Zeitpunkt des Traumes noch sehr weit weg von einer aktiven Auseinandersetzung mit seinem inneren Problemthema „Aggression gegen Frauen“ war.

Eine besondere Erfahrung sind Träume, in denen das Traum-Ich mit einem weiteren Traum-Ich in Verbindung tritt, in denen es also zu einer Ich-Begegnung, einer Selbstbeobachtung oder zu einer Selbstreflexion kommt. Nicht selten wird das Traum-Ich verdoppelt, indem es in einem Spiegel oder auf einer Wasseroberfläche mit seinem Spiegelbild konfrontiert wird, so wie in der folgenden Traumschilderung eines Mannes:

> „Ich betrachte mich im Spiegel und bemerke, dass ich im Spiegel anders aussehe. Ich habe ganz wilde Haare und einen faunartigen Spitzbart."

Der Träumer entdeckt in seinem Spiegelbild einen Aspekt seiner Person, der ihm bisher unbekannt war. Dieser Traum stellt eine intensive Selbstbegegnung dar und fordert den Träumer zu einer vertieften Reflexion über sich selbst auf.

Den zur Selbstreflexion anregenden Spiegelträumen verwandt sind Träume, in denen der Träumer auf der Suche nach dem „wahren Ich" oder nach der Identität mit sich selbst ist. Diese Träume werden oft als schicksalhaft empfunden, zeigen eine ausgesprochene Dynamik nach innen und zielen auf einen zentralen Bereich im Unbewussten. Oft haben die Träume auch märchenhafte Züge. Die Sehnsucht nach dem „wahren Ich" meint hier wohl auch das Streben nach einem seelischen Inhalt von allerhöchstem Wert. C. G. Jung bezeichnet dieses als *Selbst.* Wir können davon ausgehen, dass wir in vielen unserer Träume Impulse aus dem Selbst erleben können. Sie scheinen der Ursprung zu sein für eine von vielen Menschen ersehnte und erahnte innerseelische Vereinigung von Gegensätzen, die aus der Begegnung zwischen Ich und Selbst entstehen kann.

Erwähnenswert sind in diesem Zusammenhang auch Träume, in denen das Traum-Ich zum Empfänger von Weisungen einer befehlenden Stimme wird. Zunächst einmal ist hierbei herauszufinden, um wessen Stimme es sich handelt. Auch die Eigenschaften der Stimme sind auszumachen.

Schließlich kann sie aus einem der vielen Komplexe oder aus dem Schatten kommen. Wenn dies durch entsprechende Klärungen und Assoziationsarbeit ermittelt wurde und verneint werden kann, ist es nahe liegend, davon auszugehen, dass ihre Weisungen und Belehrungen aus der inneren Selbstinstanz kommen. Religiöse Menschen werden sie möglicherweise als Stimme Gottes erleben.

Sonderfälle

1. Traum ohne Traum-Ich

Relativ selten betonen Träumer, dass sie im Traum selbst nicht anwesend seien – und zwar weder aktiv noch als passiver Beobachter. In den Traumschilderungen taucht dann nirgends das Wort „Ich" auf. Ein konkretes Traum-Ich ist also nicht anwesend, es finden sich aber Andeutungen, die auf einen unbekannten „Traumzeugen" hinweisen. Typisch hierfür ist folgende Schilderung:

> Eine Patientin erzählte mir, wie sie im Traum jemanden vor einem Aktenschrank wahrgenommen habe, der Unterlagen ordnet. Die unbekannte Person verletzt sich beim Ordnen an den messerscharfen Kanten der Karteikarten. Plötzlich bemerkt die Träumerin, dass ihre Finger bluten.

Ein Unbekannter handelt, und nur die Traumerfahrung, dass die eigenen Finger bluten, deutet auf ein Traum-Ich hin. In solchen Fällen ist es wichtig, sich auf die Suche nach dem Traum-Ich zu begeben. Schon das Wort „man" kann ein Hinweis darauf sein. Die Suche nach dem Traum-Ich ist auch deshalb so wichtig, weil es Menschen, die ihre Träume so unpersönlich erleben, im Allgemeinen schwerer fällt, sich die Traumerfahrungen zu vergegenwärtigen und einen Bezug zu ihrem Leben herzustellen.

2. Das fragmentierte Traum-Ich

Zerfällt ein Traum-Ich in Fragmente oder kann der Träumer sich nur an vereinzelte Teile eines Traum-Ichs erinnern, kann dies möglicherweise auf eine ernstzunehmende Ich-Problematik hindeuten. In diesem Fall könnte das Traum-Ich sich beispielsweise als diffuse oder miteinander kollidierende Identitätsfragmente erleben, die sich in einer noch unbestimmten Beziehung zum Träumer halten. Die verschiedenen Fragmente kann man dagegen positiv als Facetten dessen sehen, was sich am Ende zu einem stabilen und konstanten Individualitätsgefühl zusammenfügen kann. Die Traumbilder eines unzureichend verkörperten Traum-Ichs fordern jedenfalls dazu auf, die als verschieden erlebten Identitätsteile zusammenzusetzen. Dies ist häufig ein langer, aber auch ein wichtiger Prozess, der dem Zusammenfügen eines durcheinander geratenen Mosaiks ähnelt.

> Einer meiner Patienten sah sich im Traum an einem Wasserbecken stehen, in dem er zerstückelte Leichenteile wahrnimmt. Im Traum hatte er das Gefühl, dass dies Teile seines Körpers sind.

Ein solcher Traum kann möglicherweise Hinweis auf eine seelische Erkrankung des Träumers sein. Vielleicht erfährt der Träumer aber auch, bedingt durch eine entsprechende Lebenssituation, momentan ein Gefühl von Zerstückelung seiner Ich-Identität und befindet sich deshalb in großem emotionalen Aufruhr.

Es bietet sich zudem an, das Bild mittels der Methode der Amplifikation in einem größeren kulturellen Kontext zu deuten. Denn der Traum kann auch als archetypisches Symbolbild verstanden werden. Die Symbolik der Zerstückelung finden wir in Mythen, z. B. im ägyptischen Osiris-Mythos: Osiris wird zuerst von seinem Gegenspieler Seth zerstückelt und dann mühsam von seiner Schwester Isis wieder zusammengesetzt. In diesem Mythos stellt die Zerstückelung die Voraussetzung für den Neubeginn dar. Durch den Ersatz des verlorenen Penis und das Hinzufügen eines Kultphallus wird symbolisch eine wichtige Bewusstseinsveränderung, ja die Möglichkeit eines großen kulturellen Fortschritts, dargestellt.

Luzide Träume

In der Regel kann man Wach-Ich und Traum-Ich als getrennte Instanzen beobachten, auch dann, wenn wir im Traum ähnlich fühlen, handeln und erleben wie im Wachzustand. Dem Traum-Ich gehört der Traum, dem Wach-Ich unser waches Leben. Es kann aber auch passieren, dass das Wach-Ich Einzug in den Traum erhält. Dieser besondere Traumzustand wird als „luzider Traum" (von lat. lux = Licht) bezeichnet.

In der Literatur existieren unterschiedliche Definitionen des luziden Traums. Ihnen gemeinsam ist jedoch, dass sich bei solchen Träumen das Traum-Ich darüber im Klaren ist, dass es träumt und sich nicht vollständig in der Traumwelt befindet. Im luziden Traum tauchen zudem sporadisch Erinnerungen ans Wachleben auf. Nach dem Erwachen besteht eine deutliche und meist vollständige Erinnerung an den Traum. Zudem sind die Leistungen der einzelnen Sinne im Vergleich zum normalen Traumzustand klarer und besser. Ein weiteres Kennzeichen des Klarträumens ist: Das Traum-Ich kann über sein Handeln innerhalb des Traumgeschehens jederzeit frei entscheiden (Tholey & Utecht 2000).

Die Fähigkeit, einen Klartraum zu haben, kann mit spezifischen Übungen trainiert werden. So kann derjenige, der gerne luzide träumen möchte, sich über den Tag verteilt immer wieder die Frage stellen, ob er wach ist oder ob er träumt. Damit soll erreicht werden, dass er sich diese Frage dann auch in seinen Träumen stellt und somit der Klartraum zustande kommt. Ziel ist dabei die Fähigkeit zur ichhaften Entscheidung im Traum. Dies kann in der Folge auch zu Veränderungen im Verhalten des Wach-Ichs führen.

Diese spezifische Form der Einübung eines entscheidungsfähigen bewussten Traum-Ichs wird unterschiedlich bewertet. So wird manchmal kritisiert, dass der Versuch, das Unbewusste im Traum zu steuern, genau dem entgegenwirkt, was am Träumen so wichtig ist, nämlich der Möglichkeit, aus der Selbstschicht ohne äußere Einflüsse wichtige Impulse zu gewinnen. Dem kann man allerdings auch entgegenhalten, dass das Unbewusste beim luziden Träumen nicht manipuliert wird, sondern man lediglich versucht, mit ihm positiv und aktiv umzugehen (Adam 2006: Kap. 10).

Mit dem Traum-Ich neue Wege gehen

Bei einer Traumverstehensarbeit kann gerade die Rolle des Ichs im Traum nützliche Hinweise liefern. Das Traum-Ich hat Auswirkungen auf das Wach-Ich im realen Leben. Immer wieder wird aus Träumen deutlich, wie das Traum-Ich dem Wach-Ich mit neuen Einsichten vorangeht. Menschen erleben sich im Traum eventuell mutiger und lebendiger oder in anderen Bereichen weiterentwickelt. Dieses andere Handeln des Traum-Ichs kann, wenn es bewusst gemacht wird, hilfreiche Impulse für zukünftiges Verhalten geben. Da es sich ja „nur“ um Traumbilder handelt, ist die Einstellung des Träumers dem traumhaften Ich-Verhalten gegenüber auch entsprechend lockerer. Der Träumer kann zu enge Ich-Grenzen aufgeben und neue Erlebnisinhalte zulassen.

Besonders hilfreich ist die Konfrontation des Träumers mit Veränderungen des Traum-Ich-Verhaltens über viele Träume hinweg, da ihm das Unbewusste so den eigenen Fortschritt signalisiert. Dies macht Mut. In der analytischen Traumarbeit gilt die Grundsatzthese: Was das Ich im Traum nicht kann, kann es auch in der Realität nicht. Daher sind Fortschritte des Traum-Ichs eine gute Voraussetzung für eine ichhafte Progression im Handeln des Wach-Ichs nach außen.

Aus dem Schatten lernen

Wie bereits deutlich wurde, kommt dem Schatten bei Jung eine ganz besondere Funktion zu. Im Schatten unserer Persönlichkeit sind unsere „Antiwerte" gespeichert: Was ich über mich wissen könnte, aber nicht wahrhaben will. Das Negative, Unangepasste, Kindische an mir, kurz: all das, was mein Ich-Ideal an mir nicht akzeptieren kann. Der Schatten funktioniert gewissermaßen wie eine Art Müllcontainer, der all das aufnimmt und aufbewahrt, was dem Bewusstsein als minderwertig, lästig, unbequem und aktuell störend erscheint. Oft erleben wir unsere Schatteninhalte als destruktiv, und obwohl sie von außen oft nicht sichtbar sind, lassen sie uns nicht selten leiden.

Doch jeder muss mit seinen Impulsen aus dem Schatten umgehen und somit auch mit seinen verdrängten Triebimpulsen wie Aggression, Sexualität und Besitzgier, Schatteninhalte eines jeden Menschen. Aber auch andere verdrängte Emotionen und Lebensthemen können Teil des Schattens sein. Werden sie erkannt, können sie durchaus auch positive Anteile haben. So mögen etwa Minderwertigkeitsgefühle darauf hinweisen, dass man sich selbst etwas nicht zutraut und seine positiven Eigenschaften verdrängt. Gerade diese positiven Schatteninhalte melden sich häufig über die Träume und rufen dazu auf, diese wichtigen Energien ins Leben zu nehmen. An den folgenden Beispielen wird erfahrbar, wie verdrängte Schatteninhalte durch Träume ins bewusste Ich drängen. Beim ersten Beispiel handelt es sich um das Traumerleben eines älteren Mannes, der mir von folgendem Traum erzählte.

„Ich treffe meinen kranken Bruder und gerate in Streit mit ihm. Meine Wut auf ihn wird immer größer, und ich ersteche ihn mit einem Messer."

Objektstufig betrachtet, war der Träumer sehr in Sorge um seinen psychisch kranken Bruder: Dieser war arbeitslos, lebte allein und musste aufgrund einer Psychosenerkrankung regelmäßig Medikamente einnehmen, war aber nicht diszipliniert genug, dies zu tun.

Im Hinblick auf die Psyche des Träumenden – also subjektstufig betrachtet – stellte sich in der Verstehensarbeit heraus, dass der kranke Bruder auch einen eigenen Schattenaspekt des Träumers verkörperte. Dieser hatte nämlich große Angst, wie der Bruder psychisch krank zu werden, verdrängte diese Angst aber immer wieder. Unbewusst befürchtete er, die psychische Instabilität sei in der Familie angelegt und er könne womöglich selbst an einer Psychose erkranken. Im Traum wird dieser beängstigende Gedanke aus dem eigenen Schatten, verkörpert durch den Bruder, erst einmal getötet, was auf eine starke innere Abwehrhaltung dem Thema gegenüber schließen lässt. Eine differenzierte Beschäftigung mit der Angst vor einer psychischen Erkrankung stand aber an und kam schließlich auch zustande.

Die folgende Geschichte zeigt, wie sich auch positive Schatteninhalte aus den Träumen heraus bemerkbar machen können. In der Endphase ihrer analytischen Therapie hatte eine Frau folgenden Traum:

„In einem großen Schwimmbecken bin ich geschwommen. Eine Frau schwamm neben mir, um mich bei Bedarf zu stützen – falls ich Angst bekommen sollte. Dann sprach ich mit ihr darüber, ob ich auch noch in dem Wildwasser schwimmen sollte, das ich in der Nähe sah. Sie sagte aber: ‚Nein, besser nicht'."

Die Bedeutung des Traumes für die Frau erschloss sich relativ schnell. Die Träumerin war unsicher, ob sie durch ihre zu Ende gehende Therapie genügend Stabilität für ihr zukünftiges Leben gewonnen hatte. Im Traum zieht sie ihre Bahnen im ruhigen Wasser eines großen abgegrenzten Schwimmbeckens. Eine gleichaltrige weibliche Person, eine Schattenschwester, sichert durch ihre Anwesenheit und ihr Beratungsangebot das Schwimmen ab und rät bei Gefahr zur Vorsicht. Im Wachleben hatte die Träumerin oft Schwierigkeiten, Gefahren rechtzeitig zu erkennen. Sie hatte sich in der Vergangenheit schon oft in gefährliche Situationen geradezu hineingestürzt, was nicht selten zu großen Schwierigkeiten geführt hatte. Auch im Traum weiß sie um ihre Unsicherheit in solchen Situationen, hier symbolisiert durch das Wildwasser.

Die Mitschwimmerin, so erzählt die Träumerin, sei eine sympathische Frau mit starken Armen gewesen. Ihr hätte sie vertrauen können. Subjektiv stellt diese Frau im Traum eine stabile weibliche Seite aus dem Schattenkomplex der eigenen Seele dar. Mit der Unterstützung dieser Innengestalt und ihrer positiven Kraft kann die Patientin im übertragenen Sinne ruhig ihre Lebensbahn ziehen. Insgesamt wirkte der Traum mit der positiven Schattenschwester sehr ermutigend und schenkte der Patientin Vertrauen in eine gewachsene Lebensklugheit.

Auch wenn wir Vieles über uns erfahren können und uns somit weiterentwickeln, indem wir uns unsere Schatteninhalte bewusst machen, können wir unsere dunklen Seiten doch nicht auflösen. Jung ist der Ansicht, dass wir uns immer wieder der Auseinandersetzung mit den eigenen Schattenseiten stellen müssen. Ganz offensichtlich benötigen wir eine Art Parkplatz für unser Verdrängtes und für die nicht verwendbaren Energiepotenziale, einen „Schatten-Pool". Unsere psychische Grunddynamik ist nach dem Jung'schen Modell auf Polarität angelegt. Deshalb braucht unser Ich den Schatten als Energie bildendes polares Gegenüber. Er treibt uns voran, auch wenn wir das individuell oft als qualvoll erleben.

Komplexe im Traumgeschehen

Bereits in Kapitel zwei, als es darum ging, woher das Material unserer Träume stammt, sind wir auf die Komplexe gestoßen. Als Teilbereiche unseres Unbewussten liefern unter anderem diese Komplexe Stoffe, die das Traumgeschehen maßgeblich beeinflussen. Hier soll es nun noch detaillierter darum gehen, in welcher Beziehung die Komplexe zu unserem Erleben stehen, welchen Wert sie für unsere persönliche Entwicklung haben und wie ein kluges Traumverstehen dazu beitragen kann, ihre Botschaften zu entschlüsseln und für unser Leben nutzbar zu machen.

Komplexe sind etwas sehr Persönliches. Der Komplexinhalt ist bei jedem von uns von seiner individuellen Erfahrung geprägt. Diese persönliche Wahrheit gibt uns wichtige Anhaltspunkte für unser Denken und Handeln. Da sie jedoch unbewusst ist, ist sie für uns nicht so einfach zugänglich.

Komplexe entstehen dadurch, dass bei allem Erleben Verdrängungen stattfinden. Deren Inhalte stehen dem Bewusstsein dann nicht mehr ohne weiteres zur Verfügung. Zudem werden viele Inhalte vergessen und sinken ins Unbewusste. Von diesen verdrängten und vergessenen Inhalten geht dann ein Einfluss auf das bewusste Erleben aus – meist jedoch, ohne zu wissen, wieso und woher diese Impulse stammen.

Wie auch das folgende Beispiel aus dem Traumerleben einer Frau zeigt, ist es ganz typisch, wenn in Träumen ganz plötzlich Komplexe und damit verbunden heftige Emotionen auftreten:

> „Ich steige in einen Aufzug, um hinab zu fahren. Ein riesiger Mann ist plötzlich neben mir. Ich weiß: Es ist der Fürchterliche".

Das plötzliche Auftreten des „Fürchterlichen" deutet darauf hin, dass es sich hier um die Verkörperung eines emotional stark aufgeladenen Komplexes handelt. In der Therapie konnte dieses Traumerlebnis mit dem gewalttätigen Ex-Ehemann in Verbindung gebracht werden, was auch die Heftigkeit der Reaktion erklärt.

C. G. Jung spricht davon, dass ein Komplex „konstelliert" ist. Dies bedeutet, dass oft durch eine äußere Situation ein psychischer Vorgang ausgelöst wird, der die Inhalte aus einem Komplex aktiviert. Aus dieser „konstellierten" abwartenden Bereitschaftsstellung heraus wird dann spezifisch wahrgenommen und reagiert. Um mehr darüber zu erfahren, wie unsere vielfältige innere Komplex-Welt uns beeinflusst, können wir unsere Träume als einen Vermittler zwischen Bewusstem und Unbewusstem nutzen. Ein wichtiger Schritt beim Traumverstehen liegt somit darin, unsere Komplexe zu erkennen, um dann ihre ganz persönliche Botschaft an uns zu entschlüsseln.

Beziehungskomplexe

In unseren Beziehungskomplexen sind viele familiäre Erfahrungen gespeichert. Sie steigen in den Träumen als Inhalte aus dem Vater-, Mutter-, Eltern- und Geschwisterkomplex auf. Auch Inhalte aus anderen persönlichen Beziehungskomplexen drängen in den Träumen zum bewussten Ich. Zu denken ist hier auch an Beziehungskomplexe durch Personen und Figuren aus unserem Bekannten- oder Freundeskreis.

Darüber hinaus begegnen wir in unseren Träumen verschiedensten menschlichen Figuren, mit denen uns im Wachleben keine besondere Beziehung verbindet. Auch diese Traumfiguren und die mit ihnen einhergehenden Erinnerungsinhalte sollten nicht vernachlässigt werden, denn aus dem Verständnis ihres Kontexthintergrundes kann häufig ermittelt werden, wie die Erinnerungsinhalte mit unserem Jetzterleben zusammenhängen und wie sie sich auf unser Leben auswirken.

Meist lassen Auslöser im Wachleben ein Traumthema entstehen, zu dem wir Entsprechendes aus den familiären Abspeicherungen ergänzen. Diese Erinnerungsbilder, die ja zum Teil aus ganz frühen Lebensphasen stammen, sind meist emotional stark aufgeladen. Werden solche Traumbilder erinnert, können sie zum Ausgangspunkt für die Bewusstwerdung vieler weiterer Erinnerungen werden, die als emotionale Eindrücke in den Komplexen abgespeichert sind. Dies zeigen auch die folgenden Beispiele, in denen wichtige Komplexinhalte vorgestellt werden, die in unseren Träumen vorkommen. Eine junge Frau mit einem eher negativen Vaterkomplex erzählte mir von folgendem Traum.

> „Ich sehe meinen Vater schlafend im Bett liegen. Eine Schulfreundin kommt und weckt ihn".

Der Vater war im Leben der Träumerin kaum präsent. Über weite Teile ihrer Kindheit hatte sie ihn sogar als eine Art Schlafenden wahrgenommen. Im Traum weckt eine Schattenschwester den Vater auf, was für die Träumerin den Auftakt zu einer Auseinandersetzung mit ihrem Vaterkomplex bildete. Während einer Therapie konnten auch die im Komplex abgespeicherte Enttäuschung und die Trauer, die die Träumerin über das Verhalten des Vaters empfand, gelöst werden. In der Folge führte dies ebenfalls dazu, dass die Träumerin auch ihre Haltung gegenüber Männern in ihrem Leben änderte.

Negative Komplexaufladungen und den Status quo ihrer Beziehung zu den Eltern zeigt auch der Traum einer 35-jährigen Frau. Sie schilderte mir diesen folgendermaßen.

> „Meine Eltern rufen mich an. Das Telefon klingelt. Ich gehe hin. Mein Vater ist dran. Er schreit unverschämt und beschimpft mich. Ich lasse den Hörer auf die Gabel fallen. So einfach ist das. Meinem Freund erkläre ich, dass da böse Menschen angerufen hätten.
> Dann klingelt wieder das Telefon. Ich gehe wieder hin. Jetzt ist meine Mutter dran. Sie klagt mir ihr Leid und ihre Litanei dringt wie eine verschlüsselte Botschaft zu mir vor. (Sie spielt mir ein Lied und unverständliche Texte vor.) Ich höre zu und versuche zu verstehen, was sie mir sagen will. Es wird mir aber zu viel. Ich werde schrecklich müde und lege den Hörer auf."

Die Träumerin macht es sich im Traum mit dem Kontaktabbruch leicht. Der Hörer wird ganz einfach aufgelegt. Der aggressiv „böse" Vater wird ebenso wie die „verrückt" agierende Mutter einfach abgehängt. Eine Auseinandersetzung findet nicht statt. Der Traum macht deutlich, wie die innerpsychische Beziehung der Träumerin zum Elternkomplexbereich aussieht: Das Taum-Ich wehrt Komplexabspeicherungen von früherem eigenartigen Verhalten der Eltern und damit verbundene Negativenergien ab.

Im Gespräch über den Traum ergab sich eine direkte Parallele zu der realen Lebenssituation der Träumerin. Sie hatte den Kontakt zu den alten Eltern abgebrochen, wurde aber dennoch phasenweise vom Elternthema eingeholt. Tragischerweise bringt sich die Träumerin durch den Kontaktabbruch auch um ihre positiven Elternpotenzen, die ebenfalls im Elternkomplex zu finden wären, und die sie für ihre persönliche Entwicklung dringend gebrauchen könnte. Der Traum kann also als Mahnung verstanden werden, sich doch mit weiteren Qualitäten und Eigenschaften der im Elternkomplex gespeicherten Inhalte auseinanderzusetzen.

Der folgende Traum ist ein gutes Beispiel für die Beschäftigung mit dem Mutter- und Geschwisterkomplex. Hier sieht ein älterer Herr sich im Traum in seine Jugend zurückversetzt:

> „Ich komme von einer Reise nach Hause. Als ich zur Tür hereinkomme, umarmt meine Mutter mich und sagt einen Kosenamen zu mir. Ich ärgerte mich darüber, weil eine Nachbarin gerade im Treppenhaus vorbeikommt und das mit anhören kann. Dann soll ich zu meiner Mutter ins Bad kommen – und zwar nackt. Ich möchte vermeiden, dass meine Brüder das merken. Doch plötzlich sind alle Brüder nackt mit mir bei der Mutter im Bad. Ich finde das komisch."

Der Träumer, ein älterer Herr, reagiert mit ungläubigem Erstaunen auf diese Traumszene, die ihn in seine Jugendzeit versetzt. Insbesondere die Aufforderung der Mutter, nackt ins Badezimmer zu kommen, empfindet er als Zumutung, die ihn peinlich berührt. In der Realität war Nacktheit im stark christlich geprägten Elternhaus ein Tabuthema.

Per Regression in die Jugendzeit – im Traum ist der Mann 20 Jahre alt – werden hier Inhalte aus dem Mutterkomplex des Träumers sichtbar: Ödipale Nähe zur Mutter sowie Geschwisterrivalität zeigen die Beziehungsdynamik seiner Jugendzeit. Die dargestellte Begegnung der Söhne mit der Mutter im Bad könnte man als Ausgangspunkt für eine Reflexion über die Nähe und Distanz zum Mütterlichen verstehen. Der Trauminhalt bot dem Träumer Gelegenheit, über eine deutliche Mutterübertragung auf seine Ehefrau und damit über seine Ehe nachzudenken. Das Rivalitätsthema im Traum stand in Bezug zu seinem heutigen Verhältnis zu seinen Brüdern.

Das Traumverständnis nach C. G. Jung geht davon aus, dass die genannten Komplexe ebenfalls einen archetypischen Kern enthalten. Der Geschwisterkomplex und seine verwandten Themen Rivalität und Ehrgeiz sind beispielsweise auch Thema des bekannten Mythos von Kain und Abel. Auf die archetypische Dimension werde ich in Kapitel sechs „Träume helfen Neues wagen“ noch zu sprechen kommen.

Ein weiteres, für viele schwieriges Komplexfeld, ist der Schwiegermutterkomplex. Um einen solchen geht es auch im folgenden Beispiel. Eine etwa 60-jährige Frau erzählte mir von folgendem Traum:

> „Meine Schwiegermutter, die vor zehn Jahren verstorben ist, kommt auf mich zu und beschimpft mich. Sie ist eifersüchtig auf mich, weil ich mit meinem Mann einen Ausflug in den Schwarzwald plane. Ich erwache wütend und verstört.“

Der Traum öffnete der Träumerin die Augen und mit Hilfe der Traumbetrachtung auf der Subjektstufe erkannte sie, dass sie mittlerweile selbst zur bösen Schwiegermutter geworden war, die mit ihrer Schwiegertochter nicht mehr sprach und der sie Vieles in Bezug auf ihren Sohn neidete. Der unangenehme Wiederholungstraum rüttelte sie wach, und sie konnte schließlich ihr eigenes problematisches Verhalten als Schwiegermutter reflektieren und daran arbeiten.

Komplexbehaftete Lebenssituationen

Komplexinhalte erscheinen im Traum, aber nicht nur in menschlichen Figuren, sondern auch in typischen Lebenssituationen. So hatte zum Beispiel ein älterer Lehrer an einer Wirtschaftsfachschule immer wieder den folgenden Traum.

Der Mann sah sich im Traum an seiner damaligen Lehrstelle als Industriekaufmann. Er sollte Rechnungen schreiben, und zwar ganz schnell und ohne Fehler. Er stand unter einem schrecklichen Druck und seine Spannung stieg immer mehr. Schließlich erwachte er völlig verspannt und verstört.

Immer wenn er im Wachleben unter beruflichem Leistungsdruck stand, wurde der Träumer von diesem oder einem ähnlichen Traum aus seiner damaligen Lehrzeit heimgesucht. Obwohl seine Ausbildungszeit Jahrzehnte zurücklag, meldete sich hier der Leistungskomplex mit Bildern aus der alten abgespeicherten Leistungsnot. Inzwischen ist der Traum für den Lehrer so etwas wie ein Warntraum geworden. Er weiß dann sofort: Er sollte die anstehende Arbeit erst einmal in Ruhe einordnen und dann möglichst gelassen angehen.

Wenn wir die Funktion und Wirkungen der Komplexe erkennen, kann uns das in vielerlei Hinsicht weiterhelfen. So können wir beispielsweise verstehen, warum die Emotionen aus den Komplexen uns auch nach dem Erwachen in angeregte oder schlechte Stimmung bringen, uns aufregen oder wütend machen. Im besten Fall können die Komplexinhalte in Eigenarbeit oder in einem psychotherapeutischen Dialog so bearbeitet werden, dass sie nicht mehr so störend wirken und somit im Wachleben keine negativen Auswirkungen mehr haben.

Ein wichtiges Ziel der Verstehensarbeit mit den Träumen ist es, die Macht von problematischen Emotionen aus den Komplexen einzudämmen und auf diese Weise dem bewussten Ich ein Stück mehr Macht über diese Emotionen und deren unbewussten Einfluss zu geben. Die Energien, die uns in der Auseinandersetzung mit den Komplexen des persönlichen Unbewussten begegnen, können so zu positiven Kräften werden.

In der Psychologie C. G. Jungs bezeichnet man die Auseinandersetzung mit den Komplexen des persönlichen Unbewussten auch als „kleinen Drachenkampf". Die Traumerfahrungen vieler Menschen machen uns bewusst, dass wir alle diesen täglichen kleinen Kampf durchzustehen haben. Das Wissen darum, dass persönliche Komplexe auch bei anderen Menschen eine Rolle spielen und die inneren Prozesse bei jedem ähnlich ablaufen, kann zu mehr Nachsicht mit unseren Mitmenschen führen. Nicht nur deren Nöte lassen sich so besser verstehen, sondern wir können auch ihre Begrenztheiten besser ertragen. Grundsätzlich kann dieses Wissen dazu beizutragen, dass wir unsere Mitmenschen in ihrem Anderssein besser annehmen können.

Projektion: Wenn wir Traumwelt und Wachwelt verwechseln

Aus unseren Träumen heraus entstehen auch immer wieder Projektionen, die nicht selten zu komplizierten Verwicklungen führen. Dies zeigt auch die uns bereits bekannte Fallgeschichte einer Frau, die träumt, sie sehe durch ein Fenster, wie ihre verheiratete Nachbarin einen Liebhaber empfängt.

Etwa zur gleichen Zeit, als sie diesen Traum hatte, meinte die Träumerin durch einen nahezu undurchsichtigen Vorhang gesehen zu haben, wie die Nachbarin tatsächlich einen Mann zu Besuch hatte. Die vage Vermutung, dass die Nachbarin einen Liebhaber habe, erzählte sie in der Nachbarschaft jedoch als reales Ereignis weiter. Die zu Unrecht Beschuldigte klingelte daraufhin schon einige Tage später an ihrer Tür und beschwerte sich lautstark. Die Träumerin war natürlich sehr betroffen, doch aus psychologischer Sicht lässt sich ihr Verhalten erklären: Sie war auf den Projektionsmechanismus hereingefallen.

Wir können davon ausgehen, dass viele Traumerlebnisse auch in der Zeit nach dem Traum psychisch präsent bleiben. Bei der Projektion wird ein inneres Bild auf die Außenwelt projiziert. Das bedeutet, dass die Bilder aus unseren Träumen unbewusst in unser reales Leben hineinwirken und uns so ein trügerisches Bild unserer Umwelt liefern. Damit es zu einer Projektion kommt, müssen natürlich gewisse Parallelen zwischen Traum und realer Lebenswirklichkeit vorliegen. Auch das nächste Traumbeispiel zeigt, dass solche projektiven Übertragungen durchaus zu Konflikten führen können.

> Eine ältere Dame, die das Grab ihres verstorbenen Mannes gewissenhaft pflegte, sah sich im Traum an dessen Grab stehen. Es ist völlig verwildert, sieht ungepflegt und heruntergekommen aus. Die Frau ist darüber höchst erstaunt und auch verwirrt. Schließlich hatte sie doch so viel dafür getan, das Grab in Ordnung zu halten.

In der Folge des Traumes geriet sie mit den Betreuern des Nachbargrabs in Konflikt. Die Pflege schien ihr zu nachlässig, das Nachbargrab zu verwildert. Sie beschwerte sich darüber so nachdrücklich, dass schließlich ein handfester Streit entstand. Zu guter Letzt stellte sich heraus, dass die Witwe zu dieser Zeit etwas über ihren verstorbenen Mann erfahren hatte, das negative Affekte bei ihr auslöste. Die Ablehnung drückte sich darin aus, dass sie unbewusst weniger gewillt war, sich um sein Grab zu kümmern. Bei ihrem Streit mit den Betreuern des Nachbargrabes hatte sie ihre eigene Tendenz zur Nachlässigkeit auf diese projiziert. Der entstandene Konflikt bot ihr jedoch auch die Chance, sich zu besinnen. Aus dem Geschehen und dem Traumverstehen heraus erhielt sie zudem einen deutlichen Impuls, sich mit der verdrängten Eheproblematik auseinanderzusetzen.

Eine gewissenhafte Traum-Verstehensarbeit erkennt die

im Traum erlebten emotionalen Bilder nicht nur, sondern prüft immer auch, ob sie in der Wachwelt per Projektionen nach außen gehen. Diese Erkenntnis ist für das Verhalten im realen Wachleben immer sehr hilfreich.

5.
Verschlüsselte Botschaften verstehen

Träume erzählen auf ganz eigene Weise Geschichten, die uns etwas mitteilen. Wenn wir ihre Botschaften verstehen wollen, müssen wir jedoch auch verstehen, wie diese Geschichten entstehen und nach welchen Prinzipien der Traum sie konstruiert.

Kompensation: Im Traum Ergänzung erfahren

Im Traum wissen wir mehr – oder auch ganz andere Dinge – über uns und unser Leben als im wachen Zustand. Unsere Träume schicken ihre Botschaften, um uns bei unserer persönlichen Entwicklung zu unterstützen. Das Unbewusste greift durch den Traum besonders dann ein, wenn im bewussten Ich des Träumers eine zu große Einseitigkeit dominiert, und ergänzt und vervollständigt diese einseitige Sichtweise. In diesem Sinne hat der Traum eine kompensatorische Funktion. Wir sollten uns dann folgende Fragen stellen: Ist unsere Selbsteinschätzung vielleicht zu einseitig? Schlummern nicht noch zu viele unbewusste Schattenanteile in uns?

Die Kompensation ist wichtig für unser seelisches Leben. Wenn unsere bewusste Einstellung mit der kompensatorischen Korrektur zusammengeführt wird, können wir uns persönlich weiterentwickeln. Fehleinschätzungen der Realität können problematisiert oder zurückgenommen werden. Unter- oder überschätzt eine Person sich selbst oder andere Menschen, so können kompensatorische Träume eine Korrektur dieser Fehleinschätzungen provozieren.

Träume kompensieren auf ganz unterschiedliche Weise. Es lohnt sich also, genauer hinzusehen, ob ein Traum die Situation des bewussten Ichs – also das, was bewusst gedacht, gefühlt und getan wird – kompensiert, indem er den unbewussten Gegenpol darstellt oder ergänzend korrigiert, Inhalte spiegelt oder reduziert. Dazu einige Beispiele.

Erinnern wir uns an das Fallbeispiel des rechtschaffenen Mannes, der im Traum plötzlich kriminelle Energie entfaltet. Das Selbstbild des Mannes, der sich als ausschließlich tugendhaft erlebt, erfährt im Traum eine Ergänzung durch das genaue Gegenteil. Der Traum macht ihm so deutlich, dass als Gegenpol zu seiner bewussten Persönlichkeit auch für ihn kriminelle Aktivitäten denkbar und durchführbar sein könnten.

Eine weitere typische Lebenssituation, in der Träume ihre kompensatorischen Signale schicken, tritt dann ein, wenn das bewusste Ich sich als besonders sozial versteht und sich anderen permanent hilfreich zuwendet. In solchen Situationen tauchen oft Träume auf, in denen eigenes Haben-Wollen und stark ichbezogene Gefühle dominant sind. Die einseitige Einschätzung wird so durch den Gegenpol ergänzt und ermöglicht eine ausgewogenere Haltung im Wachleben.

Nicht selten liefern Träume keine deutliche Gegenpoldarstellung zur bewussten Ich-Einstellung, sondern reichen fehlende Aspekte nach. Oft handelt es sich dabei um wichtige Details, die die bewusste Haltung des Ich-Bewusstseins ergänzen und somit sinnvolleres Handeln ermöglichen. Auch ein Traum mit ergänzenden Erkenntnissen kann Anstoß für Veränderungen liefern. „Sehr häufig ist es sogar so", meint Jung, „dass der Traum bloß Fragmente zur bewussten Einstellung beiträgt." Und weiter: „Hier kann man davon ausgehen, dass die bewusste Einstellung bereits in genügendem Maße an die Realität angepasst ist und andererseits auch dem Wesen des Individuums annähernd genüge tut." (GW Bd. 8, § 494)

Werden im Traum das gelebte Verhalten und bewusste Einstellungen dargestellt, so hat der Traum die Funktion, dem Träumer einen Spiegel vorzuhalten. Dieses „So-bist-du" soll ihn dazu anregen, Bestehendes infrage zu stellen. Er kann und sollte den vorgehaltenen Spiegel zur Reflexion nutzen. Hier wäre zum Beispiel an den Autoritätstraum des jungen Vaters zu denken, der sich bei seinen Kindern nicht durchsetzen kann.

Gerade bei der Analyse solcher Träume kommt es natürlich immer darauf an, die Traumbotschaft sensibel zu entschlüsseln. Es kann nämlich insbesondere dann zu Fehldeutungen kommen, wenn die Selbsteinschätzung des Träumers nicht besonders realistisch ist. So besteht beispielsweise ein großer Unterschied, ob z. B. aggressive Aktivitäten des Traum-Ichs als Kompensation im Sinne der oben erwähnten Gegenpoldarstellung oder als Spiegelung verstanden werden sollen. Wenn nämlich der Träumer im Alltag wenig durchsetzungsfähig ist und seine eigenen Aggressionen verdrängt, präsentiert der Traum möglicherweise kompensatorisch ein aggressives Traum-Ich. Er kann aber auch durch die spiegelnde Betonung von aggressivem Verhalten zur Korrektur auffordern. Ziel der Trauminterpretation für den Träumer wäre in diesem Fall die Erkenntnis, im Alltag häufig in überzogener Weise aggressiv zu agieren.

Gerade im Zusammenhang mit dem Thema Aggression kommt es häufig zu Fehldeutungen der eigenen Träume. Nicht selten findet man Menschen, die aufgrund eines aggressiven Traums zu dem Schluss kommen, sie müssten aggressiver werden, obwohl bereits das soziale Umfeld an den überzogenen aggressiven Tendenzen des Träumers leidet.

Das Unbewusste im Traum kann auch eine reduzierende Funktion haben, was eine Form von Kompensation ist. Dies macht der uns schon bekannte Traum von der „Prinzessin und der Straßengöre" deutlich. Noch einmal zur Erinnerung: Eine junge, verwöhnte und umsorgte Frau, die sich wie eine

Prinzessin fühlte, träumte, sie werde von einer schmutzigen und wütenden Straßengöre bedroht und beschimpft. Die Luxusprinzessin wird im Traum mit der Straßengöre konfrontiert und so aufgefordert, ihr Verhalten im Wachleben und vielleicht auch ihre Einstellung zum Luxus zu überdenken.

Ein weiteres Beispiel stammt aus der Arbeit C. G. Jungs. Er berichtet von einer Frau, die sich als Intellektuelle betrachtete und sehr arrogant und abgehoben sein konnte. Immer wieder träumte sie von Kühen, worüber sie sich sehr ärgerte, da sie alles Ländliche für abstoßend und primitiv hielt. Das Traumsignal war eindeutig, und einmal entschlüsselt, führte es bei der Träumerin zu einer realistischeren Selbsteinschätzung.

Reduzierende Träume treten besonders auch bei Menschen auf, die ihre individuellen Möglichkeiten überschreiten, die sich z. B. nach außen hin besser und wertvoller geben als sie eigentlich sind. Oft sind es Menschen, die dieser vorgespielten „Höhe“ innerlich nicht gewachsen sind. Das eigene menschliche Maß wird hier zum Thema des Traums.

Nach C. G. Jung wirken reduzierende Träume auf den ersten Blick oft auflösend und entwertend, ja manchmal geradezu destruktiv. Sie haben jedoch eine sinnvolle kompensatorische Funktion, da sie zu einer angemessenen Lebenseinstellung aufrufen. Somit ist die Kompensation durch reduzierende Träume ein wichtiges Mittel der Selbststeuerung, die meist auf längere Sicht für eine positive seelische Weiterentwicklung sorgen.

Kompensatorische Trauminhalte: Der Weisheit letzter Schluss?

Jung ist der Ansicht, dass die kompensatorische Funktion für die Selbststeuerung des psychischen Organismus sehr wichtig ist. Oft beschränkt sich die Bedeutung eines Traumes auf seine einfache kompensatorische Funktion, wenn bei der bewussten Einstellung eine Korrektur notwendig ist.

Grundsätzlich sollte man jedoch die Mitteilungen des Unbewussten nicht höher bewerten als die Inhalte der bewussten Einstellung, auch wenn diese ergänzungs- oder korrekturbedürftig sind. Eine im Traum dargestellte Kompensation zeigt uns keine „höhere" Wahrheit. Sie zeigt uns lediglich den Teil, der hinzuzunehmen ist. Damit wird eine lebendige Auseinandersetzung angeregt; unser Verständnis wird vollständiger und so auch lebensklüger und wahrer.

Doch sollte man nicht nur die eigene Haltung zu einem Lebensthema berücksichtigen, sondern auch die der Umwelt. So ist es stets wichtig zu prüfen, ob die Impulse der eigenen Seele für die Mitmenschen und für die soziale Umwelt verträglich sind. Der Einzelne muss dann entscheiden, ob er den inneren Impulsen oder den Umweltmeinungen folgt, wobei sich normalerweise Kompromisse als Lösung für diesen Konflikt anbieten. Jedenfalls gilt es, die Folgen des eigenen Handelns zu bedenken.

Kausale und finale Sicht: Aus Vergangenem lernen – auf die Zukunft einrichten

Unsere Traum-Botschaften können unseren Blick in zwei verschiedene Richtungen lenken: zurück in unsere Vergangenheit oder voraus in eine mögliche Zukunft. Jede Perspektive bietet ein jeweils unterschiedliches Potenzial für unsere Entwicklung. Nach der Analytischen Psychologie ist die kausal-biografische Betrachtungsweise besonders fruchtbar, wenn Inhalte aus unserer Vergangenheit im Traum betrachtet werden sollen. Bei dem Blick auf Zukunftsbotschaften im Traum bietet sich hingegen die final-vorausblickende Betrachtung an. Doch beide Betrachtungsweisen schließen sich nicht aus – ganz im Gegenteil. C. G. Jung legte sogar großen Wert darauf, den Traum nicht nur als Abbild früherer Erlebnisse, also kausal, zu verstehen, sondern in den Traumbildern vor allem künftige Entwicklungs- und Lösungsmöglichkeiten zu entdecken.

Kausal-biografische Traumbetrachtung

Wie erkennt man Traumbotschaften aus unserer Vergangenheit und wie nähert man sich ihnen an? Und welchen Nutzen kann es bringen, sich mit längst Vergangenem zu beschäftigen? Dies soll an der folgenden Traumschilderung einer Frau deutlich werden, die sich in einer beruflichen Krisensituation befand.

> „Ich bin in der Grundschule. Ungefähr neun Jahre alt bin ich. Ich habe schreckliche Angst vor dem Lehrer, der mich auslacht, weil ich nicht antworten kann. Ich schäme mich sehr und fange an zu weinen."

Der Traum führt die Frau in ihre Kindheit zurück und weist auf biografische Engramme aus dieser Zeit hin, denn die Träumerin erinnert sich aufgrund dieses Traums an ihre leidvolle Schulzeit, die vor allem mit einem ihrer früheren Lehrer zusammenhing. Als früh entwickeltes Mädchen mit ausgeprägten weiblichen Formen beachtete er sie ganz besonders und stellte sie auf unangenehme Weise in der Klasse bloß.

Der Traum transportiert Bilder aus der Vergangenheit in das Hier und Jetzt. Mit der Erinnerung an längst vergessen geglaubte Ängste und Leiden bringt er aber auch einen wichtigen Impuls für die gegenwärtige Entwicklung. Die Beschäftigung mit dieser Erinnerung bildete schließlich für die Träumerin einen wichtigen Baustein für die Bearbeitung eines entwicklungshemmenden Leistungskomplexes, der ihrer beruflichen Weiterentwicklung im Weg stand.

Aus Jung'scher Sicht zeigen solche Träume Bilder aus den Komplexfeldern des persönlichen Unbewussten. In ihnen werden biografische Abspeicherungen und mögliche Fixierungen auf solche Komplexinhalte dargestellt. Es handelt sich also um Träume, die auf die persönliche Lebensgeschichte Bezug nehmen, so genannte „anamnestische Träume" (von griech. ανάμνησις *anamnêsis* „Erinnerung"). Besonders wenn bestimmte biographische Situationen immer wieder im Traum auftauchen, kann es deren Funktion sein, dem bewussten Ich frühe unbewusste Konflikte und Verletzungen aus der Vergangenheit – möglicherweise verursacht durch Trennungen und Verluste – erneut zur Kenntnis zu bringen und damit eine Bearbeitung und Integration dieser früheren Erlebnisse in Gang zu setzen.

Die kausal-biographische Betrachtungsweise steht dem Ansatz Freuds nahe. Er sieht in den Träumen häufig infantile Inhalte verbildert. Der Traum zeigt Kindheitsreste, wie z. B. biografische Traumata, und damit letztlich infantile Fixierungen und neurotische Muster.

Will man sich dem Trauminhalt kausal-biografisch annähern, können folgende Fragen hilfreich sein: Steht der Traum im Zusammenhang mit Ereignissen aus meiner Vergangenheit? Werden im Traum biografische Erinnerungsbilder deutlich? Enthält der Traum problematische Komplexinhalte, die erkannt und bearbeitet werden sollten? Können solche Fragen bejaht werden, bietet sich die kausal-biografische Betrachtungsweise an.

Aber auch dabei gilt es, sensibel zu bleiben. Denn nicht für alle Träume mit scheinbar biografischem Inhalt ist diese Form der Betrachtung sinnvoll. So beziehen sich nicht alle Träume von einer Muttergestalt oder einer Frau, die der Mutter ähnlich sieht, auf die eigene Mutter und damit auf den persönlichen Mutterkomplex. Vielmehr könnte in solchen Träumen die subjektive innere Thematik des Mütterlichen gemeint sein. Beide Themen stehen jedoch natürlich miteinander in Verbindung.

Final-vorausblickende Traumbetrachtung

Wie schon erwähnt, schöpft das Traumgeschehen nach Ansicht der Analytischen Psychologie Jungs nicht nur aus unserer Vergangenheit, sondern stellt auch Potenzial für künftige Entwicklungen zur Verfügung. Jung spricht von der „final-vorausblickenden (prospektiven) Funktion des Traumes". „Die prospektive Funktion", so Jung, „ist eine im Unbewussten auftretende Antizipation zukünftiger bewusster Leistungen, etwa wie eine Vorübung oder Vorausskizzierung, ein im Voraus entworfener Plan. Sein symbolischer Inhalt ist gelegentlich der Entwurf einer Konfliktlösung." (GW Bd. 8, § 493) In diesem Sinne können wir unsere Träume als Training für den neuen Umgang mit verschiedenen Lebenssituationen verstehen. Nimmt man die Trauminhalte als vorausblickend, kann dies dabei helfen, der bewussten Einstellung eine veränderte und verbesserte Richtung zu geben.

Geht man davon aus, dass die Psyche mit ihrem autoregulativen System ihre Entwicklung selbst in die Hand nehmen will, bieten die Träume für den Träumer die beste Möglichkeit, Ansatzpunkte für Änderung und Wandlung herauszuarbeiten. Dies zeigt auch das folgende Beispiel:

> Eine junge Frau, die in einer massiven Partnerschaftskrise steckte, träumte von einem Vulkanausbruch. Zwischen den Lavaströmen sieht sie ihren Freund von Erdinsel zu Erdinsel springen. Sie hat große Angst um ihn und springt ihm hinterher. Zuerst glaubt sie, ihn zu verlieren, doch dann erreicht sie ihn und beide finden einen Weg heraus.

Die Träumerin stand vor der Entscheidung, sich von ihrem Partner zu trennen. Im Traum sucht und findet sie den gefährdeten Partner zwischen den heißen Lavafluten, und gemeinsam finden sie einen Weg aus der Gefahrenzone heraus. Der Traum fand seine Entsprechung in der Realität: Nach einiger Zeit klärten sich die Beziehungsprobleme, die Träumerin fand zum Partner zurück, und das Paar entdeckte eine Möglichkeit, den gemeinsamen Lebensweg weiterzugehen.

Will man seinen Traum final-vorausblickend verstehen, sind folgende Fragen hilfreich: Warum träume ich dieses und jenes jetzt? Wo will der Traum mich hinführen? Will er mir für mein Hier und Jetzt etwas sagen und darüber hinaus bestimmte Entwicklungsprozesse in meinem Leben in Gang setzen?

Die finale Funktion des Traums sollte jedoch nie als der Weisheit letzter Schluss verstanden werden. Und schon gar nicht als quasi hellseherische Weisheit. Auch C. G. Jung betont einerseits die Wichtigkeit der final-prospektiven Betrachtungsweise und ihre Bedeutung für die aktuelle Lebenssituation, warnt andererseits aber davor, die Zukunftsprognosen der Träume unkritisch als höhere Kenntnis einzuschätzen.

Die finale Sichtweise ist in jedem Fall eine wertvolle Ergänzung der kausalen Traumbetrachtung. Sie trägt dazu bei, dass das Traumverstehen nicht ausschließlich auf die Vergangenheit konzentriert bleibt, sondern vermittelt das Gefühl, dass durch das Träumen Neuentwicklung möglich wird.

6.
Träume helfen Neues wagen

Unsere Träume konfrontieren uns immer wieder mit Neuem, bisher Unbekanntem – und helfen uns so, erneut über Bekanntes nachzudenken. Im Traum durchleben wir vergangene Erfahrungen wieder, entdecken neue Handlungsweisen und finden dadurch neue Wege.

Im Traum können regelrechte Vorübungen für neues Verhalten stattfinden. Dies wurde besonders an den Schattenträumen deutlich, die es uns ermöglichen, persönliche Schatteninhalte probeweise zu erleben. Wir können im Traum auch lernen, unsere problematischen Komplexenergien zu besiegen.

Nicht selten liefern Träume wichtige Emotionen zu Erlebtem nach und eröffnen dadurch neue Möglichkeiten für unser Erleben und unsere Lebensgestaltung. Jeder von uns hat wohl schon einmal erlebt, dass sich durch Träume unsere Gefühle im Wachleben verändern. Manche Träume hinterlassen sogar ganz bemerkenswerte Nachwirkungen auf die Stimmung des folgenden Tages.

Die Traumstruktur als Lösungsweg

Träume machen frei für neue Handlungsmuster. Ja, sie können wahre Fundgruben sein, wenn es darum geht, Auswege aus schwierigen Lebenssituationen zu finden. Um die in unseren Träumen immer wieder vorgeschlagenen neuen Lösungswege nachvollziehen zu können, lohnt es sich, den typischen Ablauf des Traumgeschehens näher zu betrachten. Welchen Weg nimmt die Handlung in Träumen, die Ansätze für neue Lösungswege enthalten? Zu welchem Ziel führt sie uns?

Die formale Struktur solcher Träume entspricht häufig dem Aufbau des klassischen Dramas und lässt sich an einer Vielzahl von Theaterstücken und Filmen nachvollziehen. Sie ähnelt in ihrer Struktur auch dem Aufbau vieler Mythen und Märchen. Dies sind Träume, die eine ganze Geschichte erzählen – man spricht hier auch von „vollständigen" Träumen –, die man oft in vier Phasenabschnitte einteilen kann:

(1) Exposition: Ort und Zeit werden genannt, die Handlung wird entwickelt, und Personen und Ausgangssituation werden dargestellt.

(2) Verwicklung: Die dramatische Entwicklung schreitet voran, der Knoten wird geknüpft.

(3) Kulmination: Es kommt zu einer Zuspitzung der Handlung, die einen Handlungsumschwung, die so genannte Peripetie, zur Folge hat.

(4) Lysis: Die Situation wird gelöst, häufig lässt sich eine „Moral der Geschichte" ableiten.

Das folgende Traumbeispiel illustriert diese vier Phasen im Traum und macht deutlich, wie der Träumer zu einer neuen Lösung geführt wird.

Ein junger Musikstudent sah sich im Traum in seinem Zimmer am Fenster sitzen. Er sucht den Mond am Abendhimmel und sieht ihn schließlich groß, weiß und voll. Er ist fasziniert und fordert seinen Freund auf, sich diesen „Wahnsinnsmond" auch anzuschauen. (Phase 1: Exposition).
Doch plötzlich sieht der Träumer, wie der Mond in einzelne Brocken zerfällt, die vom Himmel stürzen und am Horizont verschwinden. Es ist nun stockdunkel, und er fragt sich, ob das wahr sein kann, denn ohne Mond kann die Erde doch gar nicht existieren. (Phase 2: Verwicklung).
Plötzlich bricht ein Erdbeben aus, und die Zimmerdecke stürzt ein. Der Träumer und sein Freund stürzen ins Freie

und überleben glücklicherweise. Der junge Mann denkt in diesem Augenblick nur: Das ist der Weltuntergang. (Phase 3: Kulmination).

Am nächsten Tag verlassen der Träumer und sein Freund gemeinsam mit vielen anderen Flüchtlingen die Stadt, die komplett in Trümmern liegt. Der junge Mann beobachtet die Mitflüchtlinge und nimmt auch Kinder wahr, die nach dem Motto „Was soll's, wir leben noch" schon wieder Spaß am Spielen haben. Darüber ist er sehr verwundert. (Phase 4: Lysis).

Um den Traum richtig verstehen zu können, sind einige Hintergrundinformationen notwendig: Bei dem Träumenden handelte es sich um einen jungen Mann, der sich in einer akuten Krisensituation befand. Sein Musikstudium drohte zu scheitern, und zu allem Überfluss hatte ihn auch seine Freundin kurz zuvor ohne Angabe von Gründen verlassen. Er war ein sehr verträumter Mensch, wofür schon das Symbol des Mondes ein Hinweis sein kann. Auch sein Äußeres passte zu dieser Persönlichkeit: Er hatte eine Rastafrisur, lief oft barfuß und erinnerte in seinem ganzen Erscheinungsbild an die Vertreter der Hippiegeneration.

Der junge Mann beschäftigte sich intensiv mit seinem Traum und interpretierte die dramatische Änderung von der Mond- zur Tageshelle schließlich als einen Bewusstseinswandel. Der Mond – und für den jungen Mann damit seine verträumte Lebenseinstellung – waren der Tageshelle gewichen. Ihm wurde auch bewusst, dass dies kein Weltuntergang war, sondern einen Neuanfang und damit einen Zugewinn an Lebensfreude bedeutete. In diesem Sinne waren auch die spielenden Kinder zu deuten.

In den folgenden Monaten änderte sich Vieles im Leben des Träumers. Er entwickelte ein größeres Bewusstsein für die Realität des Lebens, mit dem Studium lief es wieder besser, er fand eine neue Freundin, und auch die langen Rastahaare, die seine Umwelt oft etwas irritiert hatten, waren plötzlich verschwunden.

Der formale Aufbau in Träumen, so wie z. B. auch das Fehlen bestimmter Strukturelemente, lässt konkrete Verstehensansätze und Schlüsse zu. Träume brechen häufig plötzlich ab. Es scheint, als ob die intensive Beschäftigung mit dem Traumthema dem Träumer zu diesem Zeitpunkt noch nicht möglich ist. Auch können die Phasen der Verwicklung und Kulmination von einer ganz besonderen Dramatik geprägt sein. Die hohe Dynamik ruft dann zwar zur Problemlösung auf. Diese gelingt jedoch manchmal – aus welchen Gründen auch immer – über längere Zeit hinweg nicht. Der Traum kommt dann unvollständig, ohne Lysis, über das Erinnern zum bewussten Ich. Oft gelingt ein Durchbruch zu einer Lysis erst nach wiederholtem Träumen über dasselbe Thema. Insbesondere bei Träumen, die keine Ansätze zu einer Problemlösung (Lysis) anbieten, kann eine intensive Traumverstehensarbeit sehr nützlich sein.

Oft finden wir auch im normalen Leben diesen Strukturablauf, insbesondere dann, wenn Veränderungen anstehen oder neue Lösungen gesucht werden. In vielen Fällen kommt es erst über einen dramatischen Verlauf mit krisenhaftem Höhepunkt zu einer Konfliktlösung. Ein schönes Beispiel aus dem Leben liefert die folgende Geschichte – bei ihr handelt es sich nicht um einen Traum.

Bei einem jungen Paar hatten sich seit etwa einem Jahr Probleme in der Partnerschaft gehäuft. Zwar hatten beide Partner gute Gründe, die Beziehung zu beenden, doch die Trennung gelang trotzdem nicht. Schließlich erfuhr der Mann, dass seine Freundin eine kurze Affäre mit einem Bekannten eingegangen war, was zu folgender dramatischer Entwicklung führte: Der Mann war über das Verhalten seiner Freundin dermaßen verärgert, dass er vor lauter Wut ihren Kleiderschrank ausräumte und damit in der Wohnung für ein riesiges Chaos sorgte. Dies ist durchaus als dramatische Zuspitzung oder, um in der Sprache der Dramaturgie zu bleiben, als Kulmination zu verstehen. Als beiden Partnern schließlich bewusst wurde, wie albern sie sich eigentlich verhielten, begannen sie herzhaft zu lachen, was wiederum zu Entspannung führte und eine einvernehmliche Lösung zur Folge hatte. Das Paar vollzog die endgültige Trennung, blieb aber freundschaftlich verbunden.

So und ähnlich laufen viele menschliche Veränderungsprozesse in unserem Wachleben. Über eine dynamisierende Verwicklung mit spannender Kulmination kann es in vielen Fällen zu einer neuen Lösung kommen.

Archetypische Ausdrucksformen

Träume schöpfen nicht nur aus unserem persönlichen Erfahrungsschatz, wenn sie uns zu neuen Lösungen und auf neue Wege führen wollen. Wir konnten bereits sehen, dass es ein Wissen gibt, das aus uralten Menschheitserfahrungen schöpft. Dieses archetypische Wissen ist uns vor allem aus Mythen und Märchen bekannt, wir können es aber auch in den Symbolbildern der Religionen und in der Kunst finden. Und obwohl die archetypischen Inhalte und Weisheiten so alt sind wie die Menschheit, müssen wir dieses Wissen in uns ganz persönlich auffinden. Dabei kann uns die archetypische Dimension ganz neue innere Ressourcen eröffnen.

Die archetypischen Strukturen werden nach den Erkenntnissen C. G. Jungs in einem überpersönlichen, generationen- und kulturenübergreifenden kollektiven Unbewussten weitergegeben. Diese psychische Struktur kommt zustande, weil die Erfahrungen der gesamten Menschheitsgeschichte seit Urzeiten nicht verloren gehen, sondern als Erinnerungsspuren eine Art Niederschlag bilden, der sich in millionenfacher Wiederholung verdichtet und in Form von archetypischen Strukturen in der Tiefe des Unbewussten anordnet.

Das Kollektive Unbewusste ist damit auch als phylogenetisches Erbe der Menschheit zu verstehen, als unabdingbare Grundausstattung der menschlichen Psyche. C. G. Jung geht von einer Vererbung der archetypischen Grundstrukturen aus. Mit der ererbten Hirnstruktur sind dem Menschen Bereitschaften vorgegeben, wie er seine Welt erfährt und wie er auf sie reagiert.

Das Konzept des Kollektiven Unbewussten war für Jung das Kernstück seiner Analytischen Psychologie. Es ist faszinierend, dass Jung seine spätere Vorstellung vom Aufbau der Psyche auf einen inzwischen berühmt gewordenen Traum zurückführt. Im Traum sah Jung sich vom Wohnzimmer ins Erdgeschoss gehen. Dann stieg er die Kellertreppe hinab und gelangte schließlich in ein Kellerverlies, wo er Reste einer archaischen Kultur fand. Rückblickend verstand Jung diesen Traum als eine Art Ideenreservoir für seine Konzeption der Analytischen Psychologie, die er in der Zukunft entwickeln sollte. Das Wohnzimmer repräsentierte dabei das bewusste Ich, das Erdgeschoss mit den Komplexinhalten das persönliche Unbewusste, und den Keller mit seinem noch tiefer gelegenen Verlies verstand er als Ort der Schichten des Kollektiven Unbewussten (Roth 2003: S. 86f; siehe dazu auch S. 156).

Aus dem Kollektiven Unbewussten archetypisch beeinflusst sind zum Beispiel Erlebnisse wie Geborenwerden, Kindsein, Eltern haben oder Erfahrungen wie Altern und Sterben. Auch die menschlichen Grundgefühle wie Angst, Liebe und Hass oder Konflikte wie Gefahr, der Kampf gegen eine Übermacht, die Macht des hellen und des dunklen Prinzips etc. kann man sich auf archetypischer Basis vorstellen. Um es allgemein zu sagen: Archetypische Inhalte verweisen auf grundlegende menschliche Bedürfnisse, Emotionen, Motive und

Konflikte. Dabei ist der Schatz an archetypischen Ausdrucksformen immens; ihre Zahl scheint unbegrenzt zu sein.

Erwähnung finden sollen hier einige wichtige archetypische Bildmotive, die auch in den Träumen von uns modernen Menschen immer wieder eine tragende Rolle spielen können.

Archetypische Symbolfiguren

• *Bilder aus dem kollektiven Schatten*

- Teuflische Gestalten wie der Teufel im Christentum. Er stellt das dämonische Prinzip dar. Sein wichtigstes Wesensmerkmal ist seine Destruktivität.

• *Bilder aus dem Archetyp des Großen Männlichen*

Positive Bilder:
- Der Gute Vater: Er führt und fördert.
- Der König: Er repräsentiert eine positive Autorität.
- Der Alte Weise
- Der Gute Hirte

Negative Bilder:
- Der autoritäre Mann: Er repräsentiert einen Menschen mit übertriebenem Machtimpuls.
- Der Zauberer: Er bedroht die Identität des Träumers.
- Der notorische Abenteurer

• *Bilder aus dem Archetyp des Großen Weiblichen*

Positive Bilder:
- Die Gute Mutter: Sie nährt und birgt.
- Die Königin: Sie ist würdige Herrscherin im eigenen Reich.
- Die Alte Weise
- Die Christliche Madonna

Negative Bilder:
- Die Abhängigkeit fördernde und festhaltende Mutter
- Die verzaubernde und verschlingende Hexe mit Machtimpuls
- Die sich bemächtigende Verführerin

- *Bilder aus dem Heldenarchetyp*

- Junge Heldenfiguren, die früh sterben (z. B. die griechischen Götterjünglinge): Sie nehmen eine aktiv kämpfende Lebenshaltung ein und verfolgen in einem konzentrierten und kurzen Leben bestimmte Fragestellungen.

- *Bilder aus dem Archetyp der Heldin*

- Meist handelt es sich um „Vatertöchter“ (z. B. die griechische Athene, die germanische Brunhilde): Sie sind ohne feste Partnerschaft, einsam, autonom und aus sich heraus stark.

- *Bilder aus dem archetypischen Bereich der Anima*

- Nixen, die verführen und locken (z. B. Greta Garbo, Marilyn Monroe, Brigitte Bardot)

- *Bilder aus dem archetypischen Bereich des Animus*

- Männliche Idealgestalten wie Schauspieler, Politiker, Freiheitskämpfer (z. B. Tarzan, Popstars, Präsident Kennedy, Che Guevara)

Archetypische Symbole aus der Natur

- *Tiergestalten*

– Die Schlange: Sie hat eine vielfältige Symbolbedeutung und steht u. a. für den Gegensatz von Verschlingen und Heilen. Beim Schlangensymbol zentral ist der Wandlungsaspekt.

– Der Vogel: Er symbolisiert durch das Element „Luft" vielfach Freiheit, Abheben, Schwerelosigkeit. Oft steht er für die Tendenz zur Lösung von einer Gebundenheit.

– Der Elefant: Er ist ein deutliches Kraftsymbol, zeigt Selbstsicherheit und Durchsetzungskraft. In Indien ist er Königsträger.

– Die Kuh: Sie stellt die spendende Tiernatur dar und steht so für den würdevollen Aspekt des mütterlich Weiblichen (Heilige Kuh in Indien, Göttin Hator in Ägypten).

– Der Bär: Er verkörpert das verschlingende Rachentier und den animalischen Trieb, steht aber auch für Geborgenheit, Behaglichkeit und Passivität (Das Bärchen für Kinder).

- *Elemente*

– Wasser: Es ist Symbol des unergründlichen, tiefen Unbewussten. Es stellt auch Kontemplation, Besinnung und Geborgenheit dar. Negativ ist es überschwemmend, verschlingend und tötend.

– Erde: Sie ist Symbol für Bodenständigkeit und Bodenhaftung, Standfestigkeit und Sicherheit. Negativ kann sie Erstarrung darstellen.

– Feuer: Es ist Symbol der Wandlung, Läuterung, Veränderung, aber auch der Zerstörung. Es versinnbildlicht Emotionen wie Aggression, Sexualität und Leidenschaft. Als heiliges Feuer ist es auch ein Gottesbild.

– Luft: Sie ist Symbol für Freiheit, geistige Beweglichkeit, Flexibilität, Spontaneität und Intuition („Wo der Geist weht").

Negativ kann sie Willkür, Ablehnung von Festlegungen und fehlende Beständigkeit bedeuten.

- *Naturbilder*

– Die Wüste: Sie kann Weite, meditative Ruhe, Einsamkeit, Zu-sich-Finden und Raum- und Zeitlosigkeit darstellen. Im negativen Sinne steht sie aber auch für Trockenheit, Öde, fehlende Fruchtbarkeit und das Fehlen von Belebung durch Regen. Auch die Angst davor, verstoßen zu werden, bedroht zu sein und sich zu verlieren können mit ihr in Verbindung gebracht werden.

– Der grüne Wald: Er ist ein Symbol des Unbewussten. Er kann Fruchtbarkeit und Lebensfülle darstellen, ebenso wie das Gefühl, im Gleichgewicht zu sein. Im negativen Sinne steht er auch für die Angst, sich zu verirren oder sich in komplizierte Angelegenheiten zu verwickeln.

Neben solchen Bildern gibt es auch so genannte archetypische Abläufe. Beispielhaft sollen im Folgenden einige wichtige Motive kurz aufgezeigt werden:

Archetypische szenische Bildfolgen

– Der Drachenkampf (heute auch Kampf mit Dinosauriern): Der Drache steht für eine große Bedrohung, bei der es für den Helden um Sieg oder Untergang geht. Sieg bedeutet natürlich einen enormen Kraftzuwachs.

Beispiele: Die Mutterablösung als Drachenkampf, Siegfrieds Kampf mit dem Drachen, der Drachenkampf des Heiligen Michael.

– Die Hochzeit: Die Hochzeit steht häufig für den Entschluss zu einer Vereinigung von Gegensätzen. Hochzeit ist die Hoch-Zeit. Symbolisch stellt sie einen Prozess der Vereinigung von wesentlichen Persönlichkeitsanteilen dar. Dabei geht es nicht nur um die Vereinigung von Männlichem und Weiblichem, sondern auch darum, dass es durch die komplementäre Ergänzung zu einer neuen und höheren Ganzheit kommt.

Beispiele: Hochzeiten im griechischen Götterhimmel, wo sich Himmel und Erde und außergewöhnliche Menschen mit ihren Qualitäten vereinigen; Hochzeiten im ägyptischen Mythos, wo sich die Pharaonen und ihre Königsgemahlinnen verbinden; in der Alchemie verbindet sich Sol mit Luna, und auch Christus vermählt sich mit seiner Kirche. Heute noch haben Hochzeitsrituale eine große Bedeutung, besonders im Orient.

– Der wandernde Held: Er geht seinen Lebensweg als Wanderung und Individuationsweg mit allen Schwierigkeiten und Gefahren.

Beispiele: Odysseus und Ödipus führen auf ihrem Weg die Auseinandersetzung mit dem archaischen Weiblichen und Mütterlichen. Auch Ibsens Peer Gynt und seine Figur Brand sind wandernde Weghelden, die sich im Äußeren oder im Geistig-Spirituellen ihre Ganzheit erwandern.

– Die Nachtmeerfahrt: Sie stellt die psychische Bewegung durch das Todestief zum Leben dar und steht damit für einen Wandlungsprozess, der wesentliche Entwicklung befördert.

Beispiele: Das „Anduat“, ein ägyptisches Totenbuch mit dem Grundmotiv „Stirb, damit du lebst“; die Höllenfahrt des Gottessohnes Christus; der Gang in die Unterwelt (den Hades) von Herakles und Orpheus; die Hinwendung von Goethes Faust zum Reich der Mütter

– Das Verschlungenwerden im Walfischrachen: Hier wird symbolisch ein Rückzug ins Dunkel dargestellt, ein intensives Zu-sich-Kommen und eine Selbstbesinnung mit dem Ziel, neue Erkenntnis über sich und seine Aufgaben zu erhalten.

Beispiel: Die Jonasgeschichte im alten Testament. Jonas wollte sein Schicksal nicht annehmen. Erst nach einem seelischen Erkenntnisprozess im Dunkel des Walfischbauches kann er schließlich Ja zu seiner Berufung sagen.

Archetypische Impulse in unseren Träumen

Archetypische Bilder in Träumen sind für den Träumer meist deutlich spürbar, da sie starke Energieträger sind. So können Gefühle von höchster Verwunderung, ekstatischer Freude, panischer Angst oder Unheimlichkeit auf archetypische Traumsymbole hinweisen. Bei stark archetypisch geprägten Träumen scheinen die sonst deutlichen Komplexkomponenten wegzufallen, und das Ursymbol oder die Ursituation zeigen sich direkt.

Oft haftet archetypischen Traumbildern eine ergreifende Wirkung an – wie im folgenden Beispiel. Zu der Zeit, als sie diesen Traum hatte, litt die Träumerin an einer Arbeitsstörung und kämpfte um Energie für ihr Studium.

> „Ich war auf dem Schlossplatz. Es war ein ganz normaler Wochentag und viele Menschen waren unterwegs. Auf einmal gab es eine Sonnenfinsternis, und es wurde dunkel. Vom Himmel sprühte sengender Funkenstaub in Böen herunter – eine Art elektrische Entladung. Ich stellte mich zunächst in den Funkenstaub, weil ich das Britzeln genoss. Dann wurde es mir aber doch zu viel. Ich rannte fort und nähte zwei sehr lange Stoffstücke mit einer sehr akkuraten Doppelnaht zusammen."

Die besondere Qualität des Traums war für die junge Frau unmittelbar spürbar. Der Traum führt sie auf den königlichen Schlossplatz, wo sie sieht, wie der Mond die Sonne verdeckt. Dies kann man als einen Konflikt zwischen Sonne und Mond, dem väterlichen und dem mütterlichen Gestirn, deuten. Symbolisch entsteht durch die Sonnenfinsternis ein Mangel an der väterlichen Perspektive des Geistes. Im wahren Leben hatte die junge Frau ihren Vater verloren, und die Mutter war sehr dominant geworden. Der Funkenregen im Traum bringt nun energetische Aufladung aus dem Himmel. Die Träumerin genießt dies, befürchtet aber gleichzeitig ein gefährliches Zuviel. Sie möchte Maß halten und bemüht sich um Struktur. Also näht sie Stoffstücke mit einer festen Doppelnaht zusammen, was man als einen Entwurf zur Ganzheit ansehen könnte. Die Gegensätze von Weiblichem und Männlichem werden mit einem Neuzuwachs an Energie zusammengeführt.

Archetypische Traumbilder erfüllen häufig eine wichtige kompensatorische Funktion. C. G. Jung war davon überzeugt, dass die archetypischen Tiefenschichten der Psyche oft das Gegenteil von dem hervorbringen, was im Bewusstsein ist, um Einseitigkeiten auszugleichen. So kommt es zu dem so genannten Doppelsehen. Die archetypische Dimension ermöglicht hiermit, nicht in der Einseitigkeit verhaftet zu bleiben. Auf diese Weise wird der Weg der Ganzwerdung initiiert und der Träumer auf seinem Individuationsweg vorangebracht.

Auch negative Komplexinhalte, die das bewusste Leben immer wieder beeinflussen oder bestimmen, können durch archetypische Träume kompensiert werden. Auf diese Weise werden die gespeicherten emotionalen Erinnerungsbilder aus dem archetypischen Bereich ergänzt.

Der folgende Traum macht das Zusammenspiel von persönlichen Komplexinhalten und Symbolen aus dem archetypischen Bereich des Unbewussten deutlich und zeigt, dass archetypische Träume oft wesentliche Erkenntnis- und Veränderungsprozesse bewirken können.

> Ein junger Mann träumte, er sei mit seiner Mutter in Ägypten auf Reisen. Als sie noch in der Wüste spazieren, sieht er plötzlich in der Ferne die Riesenstatue eines Pharao. Er wird ganz aufgeregt und ruft mit lauter Stimme: „Sieh mal, der große Pharao!"

Der Träumer hatte in seiner Kindheit erlebt, wie die Mutter den eigenen Vater stark abgewertet hatte. Das negative Komplexbild des Vaters wird in diesem Traum durch die Figur des Pharao, dem Doppelkronenkönig, kompensiert. Dabei scheint es dem Träumer wichtig, die Mutter auf den Gottkönig-Aspekt des männlichen Archetyps hinzuweisen. Der Traum hatte für die persönliche Entwicklung des Mannes eine große Bedeutung. So konnte er das Verhältnis zu seinem Vater positiv verändern und sogar eine spannende Urlaubsreise mit ihm unternehmen. Das bessere Verhältnis zu seinem Vater war schließlich auch der Beginn eines Stärkungsprozesses der eigenen männlichen Identität.

Es ist wichtig zu wissen: Archetypische Träume, insbesondere so genannte archetypische „Großträume", sind selten und treten bei den meisten Menschen nur in wichtigen Lebenssituationen, in Lebenskrisen oder in entscheidenden Entwicklungsphasen auf. Oft wirken sie über lange Lebenszeiträume und sind für den Träumer eindrucksstark und unvergesslich. Möglicherweise dienen sie dann als Wegweiser für weite Strecken des Lebensweges.

Archetypische Signale aus menschlichen Symbolfiguren

Hierbei handelt es sich um Trauminhalte, die durch menschliche Figuren mit bestimmtem Symbolcharakter verbildert sind. Solche personifizierten Archetypen sind zum Beispiel Figuren aus den Archetypen des Großen Weiblichen und des Großen Männlichen sowie Anima und Animusgestalten.

Einen positiven Aspekt des archetypisch Großen Weiblichen erlebte die Träumerin des folgenden Traums in der Gestalt einer alten weisen Frau.

> „Ich sehe eine alte Bäuerin. Sie ist dürr und schwarz gekleidet. Sie läuft rückwärts, folgt einer Stimme. Die Stimme sagt: ‚Probier es, es geht einfach und schnell.' Sie läuft dann rückwärts, wobei sie immer älter wird. Schließlich geht sie blind an einem Stock im Klosterhof herum."

Im Hinblick auf die Lebenssituation der Träumerin konnte das Bild der Alten Weisen als Kompensation zu ihrem eigenen, extrem dynamischen Verhalten gedeutet werden. Sie suchte permanent Zerstreuung, verlor sich in Discobesuchen und zahlreichen Affären und wurde im Lebensalltag immer unruhiger. Die alte Bäuerin im Traum steht für Bodenhaftung und weibliche Verwurzelung. Schließlich wird sie zur alten blinden Ordensfrau. Die Blindheit ist eine archetypische Chiffre für Introversion und den Blick in die eigene Seele. Auch das Thema Alter bzw. Altwerden und eine Hinwendung zur Spiritualität wird in den Traumbildern als symbolisches Geschehen dargestellt. Die Träumerin konnte auf diese Weise Neues über sich erfahren. Nach starker anfänglicher Abwehr konnte sie die alte Frau im Traum als Innenfigur erkennen und die Trauminhalte als ein Stück weit zu ihr selbst gehörend annehmen.

Das folgende Beispiel zeigt einen weiteren Aspekt des Großen Weiblichen, ein Bild aus dem negativen Elementarcharakter des Mutterarchetyps.

> Eine Frau sieht sich im Traum einer abstoßenden alten Hexe, einer buckeligen Alten mit Hakennase und spitzem Kinn, gegenüber. Vor ihr auf dem Boden liegt ein aus Brosamen gebildeter Kreis. Die Hexe befiehlt ihr, die Brosamen aufzuheben und zu essen.

Die Träumerin hatte einen hoch aufgeladenen negativen Mutterkomplex. Neben einer überbordenden Verwöhnung durch die Mutter gab es dramatische Negativerfahrungen mit ihr. Der Traum enthält das Hänsel-und-Gretel-Motiv. Die Hexe mit ihrer zuckersüßen, gefangen nehmenden Verwöhnung und ihrer bestimmenden, identitätsbedrohenden Art steht dabei für die Mutter, aus deren energetischem Bannkreis die Träumerin sich befreien wollte. Die Brosamen stehen offenbar für die positiven Anteile des Mütterlichen, die die Träumerin aufnehmen soll. Die Aufnahme der guten Anteile und deren Verinnerlichung könnte den Bannkreis der Hexe auflösen, wodurch die negativen Aspekte ihren bedrohlichen Charakter verlieren würden.

Auch der Archetyp des Großen Männlichen weist positive und negative Aspekte auf. Der Vaterarchetyp enthält einerseits das positive Bild eines guten Vaters, der Entwicklung fördert, beispielsweise im Bild des lieben Gottvaters. Der negative Vater hingegen hemmt Entwicklung oder ist autoritär, gewalttätig und brutal. Er kann als kriegerischer Vatermann oder Vergewaltiger personifiziert sein. Als Beispiel für einen positiven Aspekt des Großen Männlichen kann der folgende Traum einer Patientin dienen:

„Ich sehe vor mir einen alten Rabbi sitzen. Er hat die typischen Haarlocken an beiden Seiten des Kopfes. Er breitet seine Arme aus, ich gehe zu ihm und lege meinen Kopf in seinen Schoß."

Im realen Leben verehrte die Frau ihren Vater fast abgöttisch. Damit lief sie Gefahr, in ihrer Vaterbeziehung sich selbst zu verlieren. Die Szene, in der die Träumerin den Kopf in den Schoß des Rabbi legt, könnte dieses überbewertete positive Vaterbild spiegeln und weist auf eine mögliche Gefahr bei der eigenen Identitätsfindung hin. Vatertöchter, die diese Gefahr nicht erkennen, bleiben oft kleine Mädchen, die den väterlichen Weltanteilen kritiklos gegenüberstehen.

Anima und Animus

Zu den Archetypen „Anima" und „Animus" sind zunächst ein paar erklärende Worte notwendig, denn sie haben ihre ganz spezielle Bedeutung in der Analytischen Psychologie. C. G. Jung bezeichnet mit Anima und Animus das innere unbewusste Bild, das Frau und Mann vom jeweils anderen Geschlecht in sich tragen. Seinem Konzept zufolge stellen diese inneren unbewussten Bilder die Kompensation des eigenen geschlechtsspezifischen Ich-Bewusstseins dar. Insbesondere über den Traum kann der Einzelne – ob Mann oder Frau – die eigenen Anteile aus diesem inneren Gegensatz differenziert erkennen. So zeigen problematische Animafiguren im Traum eines Mannes beispielsweise seine undifferenzierte Gefühls- oder Erosseite. Der folgende Traum schildert eine positive Animabegegnung eines jungen Mannes.

„Ich sitze an einer Bar und sehe mich nach Frauen um. Dann kommt eine auf mich zu. Ihr Gesicht hat Ähnlichkeit mit mir selbst. Sie hat wie ich blaue Augen und heißt Eva. Sie gefällt mir ausgesprochen gut. Sie kommt zu mir, als ob sie seit Jahren zu mir gehört. Sie berührt mich, und wir stehen Schulter an Schulter."

In der Realität hatte der Träumer Frauen gegenüber Hemmungen. Im Traum erfüllt sich seine Sehnsucht nach liebevoller Nähe. Subjektiv zeigt die Traum-Eva, eine Animafigur, ihm neue emotionale Facetten auf. Sie sind nahe beim Traum-Ich platziert und können ihm nun bewusst werden. In der Zukunft könnten sie ihm helfen, gefühlsmäßig gestärkt auf Frauen zuzugehen, was im Idealfall zu einer Veränderung in seinem Verhältnis zu Frauen führen könnte. Auf jeden Fall dürfte die Auseinandersetzung mit der Animafigur im Traum eine veränderte, wahrscheinlich positivere Einstellung der eigenen Emotionalität gegenüber zur Folge haben.

Einer Frau hingegen könnte in entsprechenden Träumen der Animus-Archetyp deutlich machen, dass sie die von ihr als männlich betrachteten Funktionen in ihrem Leben noch nicht optimal entwickelt hat, dies aber für ihren persönlichen Lebensweg tun sollte. Psychologisch maskuline Inhalte werden dann in Männergestalten im Traum sichtbar. Im positiven Fall kann die Bewusstwerdung dieses Mangels dazu führen, dass die Träumerin diesen Inhalten in ihrem Leben mehr Aufmerksamkeit schenkt. Eine junge Frau erzählte mir von folgendem Traum:

„Ich stehe mit meinem Kunstlehrer da. Er hält mich ganz fest in seinen Armen. Ich fühle mich sehr glücklich."

„So ein toller Traum!", war die erste Reaktion der Träumerin, denn die Traumszene hatte bei ihr große Glücksgefühle ausgelöst. Im wahren Leben war der Lehrer eine wichtige Person für sie. Sie schätzte ihn sehr und bewunderte auch seine künstlerische Arbeit.

Die Animusfigur des Kunstlehrers repräsentiert im

Traum den eigenen künstlerischen Persönlichkeitsanteil der Träumerin, den sie nach dem Traum in ihrem Leben nun stärker auszuleben begann. Die intensive Beschäftigung mit der Kunst machte sie glücklich. Insofern war der Traum für sie die Erfüllung einer realen Sehnsucht.

Die Animus-Anima-Theorie ist ein spannendes Konzept, dessen vertiefende Diskussion hier leider nicht möglich ist. Ein neuer Ansatz ordnet beiden Geschlechtern Animus und Anima als archetypische Qualitäten zu, wodurch sowohl Männer als auch Frauen in ihren Träumen archetypische Figuren beiderlei Geschlechts als Anima- und Animusqualitäten identifizieren können (Kast 1984: S. 157–177).

Archetypische Signale aus Bildern der Natur

Doch wie wirken archetypische Signale aus der Natur in unseren Träumen? Tiere stellen zum Beispiel sehr oft bestimmte emotionale Qualitäten dar. Aber auch Bilder der Elemente wie Wasser und Feuer, bieten mit ihrer reichen Symbolbedeutung häufig wichtige Verstehensansätze.

Wie schon aufgezeigt wurde, sind typische Traumtiere zum Beispiel Schlangen, Vögel, Elefanten, Kühe etc. Es sind dann die Eigenschaften dieser Tiere, die Aufschluss über die symbolische Traumbotschaft geben. Dies zeigt das folgende Traumbeispiel. Kurz vor Beginn einer analytischen Psychotherapie hatte ein Student folgenden Traum:

> „Ich gehe auf einem Waldweg, wo es von Schlangen nur so wimmelt. Ich habe große Angst. Einzelne Tiere scheuche ich vom Weg auf, und sie fliehen in die Bäume. Plötzlich wirbelt ein Reptil aus dem Baum durch die Luft direkt auf mich zu. Glücklicherweise bekomme ich die Schlange hinter dem Kopf zu fassen. Grün schillernd halte ich sie in der Hand und schaue sie mir genau an."

In diesem Traum geht es um das Thema der Angstbewältigung. Die Schlangen stehen für eine drohende Gefahr, die dem jungen Mann aus einem Hinterhalt auflauert. Doch das Traum-Ich zeigt einen mutigen Umgang mit Angst und Bedrohung. Im therapeutischen Dialog stellte sich bald heraus, dass der Träumer Angst vor dem Erkenntnisprozess einer analytischen Therapie hatte. Im Traum dagegen stellt er sich, packt zu, ergreift das Angstobjekt und schaut sich mutig an, was ihn so ängstigt. Dies ist eine deutliche Kompensation der bewussten Ich-Position. Der Traum machte dem Träumer viel Mut.

Aber auch auf den ersten Blick so harmlose Tiere wie die behäbig scheinenden Nilpferde können es in der Traumsprache in sich haben. Wie dieser Traum einer Frau zeigt:

> Eine Frau sieht sich im Traum auf einer Brücke stehen. Unter der Wasseroberfläche des trüben Flusses erkennt sie die Umrisse von zwei mächtigen Ungeheuern. Es sind zwei Nilpferde. Eines hebt sich aus dem Wasser und steht mit den Vorderpfoten bedrohlich auf dem Geländer.

Das Nilpferd konnte in der Traumarbeit als ein bedrohlicher negativer Mutteraspekt in Tiergestalt angesehen werden. Die erdrückende, massive, im Fall der Träumerin auch stark verwöhnende Mutter, könnte hier durch zwei bedrohliche Nilpferde dargestellt sein. Die Träumerin erkannte aufgrund dieses Bildes die Gefahr durch die vereinnahmende Mutter und ihr damit verbundenes Autonomieproblem. Der Traum führte die Frau so zu einer intensiven Auseinandersetzung mit dem archetypischen Menschheitsthema Abhängigkeit und Autonomie und half ihr, in ihrer persönlichen Situation auch entsprechend gegenzusteuern.

Dass uns auch Bilder der Elemente über unsere Träume archetypische Signale aus dem Unbewussten übermitteln können, zeigt der folgende Traum. Hier lernt ein sehr rationaler Mann die starke Energie des Symbols Wasser kennen. Er schilderte mir folgenden Traum:

> „Ich stehe am Rande eines reißenden Baches, der über seine Ufer getreten ist. Das schmutzige braune Wasser und der Schlamm ergießen sich in ein unterhalb gelegenes Dorf. Ich befürchte, die Wassermassen könnten in meine Wohnung eindringen, und hoffe, die Fenster und die Rollläden geschlossen zu haben. Zu meiner Freude ist meine Wohnung nach dem Unwetter unversehrt, und die elegante Einrichtung hat keinen Schaden genommen."

Der Träumer war ein sehr rationaler und analytischer Mensch, der auch seine Wohnung elegant und kühl eingerichtet hatte. Das schmutzige, ungeklärte Wasser, das sich in seinem Traum ins Dorf ergießt und seine elegante Wohnung zu zerstören droht, steht für seine unkontrollierte Emotionalität. Diese drängte der Träumer in der Realität nämlich systematisch zurück.

Die Angst, im Wasser Schaden zu nehmen oder womöglich gar unterzugehen, stellt sich im Traum zwar als unbegründet dar. Der Einbruch des Schmutzwassers ist dennoch eine Aufforderung an den Träumer, das Wasser zu klären und der im Traum symbolisch heftig und unkontrolliert einbrechenden Emotionalität mehr Beachtung zu schenken.

Ein 6-jähriger Junge lernte im Traum die bedrohliche, aber auch erneuernde Eigenschaft des Feuers kennen. Kurz vor seiner Einschulung träumte er:

> „Ich sehe, wie mein Elternhaus brennt. Ich schreie nach der Polizei und der Feuerwehr. Niemand hört mich. Unser Haus brennt ganz nieder. Man kann nichts machen."

Der Junge hatte offensichtlich Angst, seine alte Kinderwelt – im Traum repräsentiert als Elternhaus – zu verlieren. Nachdem er aber die Gelegenheit bekommen hatte, über seine Gefühle zu sprechen, kam er zu der Überzeugung: „Jetzt bauen wir ein neues Haus!" Die alte Heimat der Vorschulzeit ist unwiederbringlich vorüber, doch auch im neuen Lebensabschnitt wird es wieder Geborgenheit geben.

Archetypische Signale aus szenischen Motiven

Wie wir bereits gesehen haben, ist die Hochzeit ein typisches szenisches Motiv für ein wichtiges archetypisches Signal. Die folgende Traumgeschichte zeigt die tiefenpsychologische Bedeutung des Hochzeitsmotivs und das Hintergrundthema „Vereinigung der Gegensätze."

> Eine junge Frau begegnete im Traum einem gut aussehenden Chinesen, der ungefähr in ihrem Alter war. Der Mann machte ihr einen Heiratsantrag, den die Frau aber ablehnte. Daraufhin kamen seine Soldaten und schossen mit Maschinengewehren auf die Frau. Es gelang ihr, ihr Herz vor den Kugeln zu schützen. Doch die Soldaten nahmen sie gefangen, und sie fand sich in einer Art Sarg aus schwarzem Holz wieder. Sie trug ein schwarzes Kleid, das nur ihre Brüste unbedeckt ließ, über ihr befand sich ein schwarzes Drahtgitter. Der Chinese saß vor ihr und betrachtete sie, und der jungen Frau wurde klar, dass der Gitterkasten, in dem sie lag, auf einer Kutsche stand, die sie zur Hochzeit fahren sollte. Verzweifelt versuchte sie, sich zu befreien und drohte dem Chinesen, sich selbst anzuzünden, wenn er sie nicht sofort gehen ließe. Schließlich wachte sie mit dem Gefühl auf, dass er sie freilassen würde.

Die Träumerin gefällt im Traum einem Mann, der durch seine Herkunft aus einem ganz anderen Kulturkreis seelisch sehr weit entfernt von ihr ist. Von seinen Soldaten soll sie „im Herzen" getroffen werden, was sie abwehrt. So gerät sie in eine Einsamkeit und findet sich schließlich schwarz gekleidet und allein in einem Sarg wieder. Die Farbe schwarz steht hier für Einseitigkeit, deutet aber auch an, dass im Hintergrund viele bunte Möglichkeiten liegen. Die Träumerin ist gefangen in der Ambivalenz von Abwehr gegenüber dem Verehrer und der Sehnsucht nach Liebe und Vereinigung: Sie kleidet sich verführerisch, droht ihrem Verehrer aber andererseits, sich im Feuer – hier Symbol für Liebe und Triebhaftigkeit – zu verbrennen. Im Traum siegt schließlich die abwehrende Seite. Vielleicht ist ihre Beziehungsfähigkeit noch nicht reif für eine Hochzeit. Eine Vereinigung innerer Gegensätze, auch als tieferer, zentraler seelischer Prozess, ist zwar als Idee bereits im Traum enthalten, von einer Umsetzung ist die Träumerin aber offensichtlich noch relativ weit entfernt.

Für einen unvorbereiteten Träumer birgt die Traumarbeit mit der archetypischen Ebene der Psyche möglicherweise spezielle Gefahren. Symbolische Traumbilder aus dieser Schicht der Seele lösen oft heftige emotionale Reaktionen aus, die seelisch sehr belastend sein können. In der Verstehensarbeit mit solchen Träumen ist es daher sinnvoll, den Traum zunächst auf der persönlichen Ebene und in seinem Bezug zum konkreten Leben zu betrachten – so wie es auch der Anordnung in diesem Buch entspricht.

7.
Der praktische Umgang mit Träumen

Träume erinnern und festhalten

Jeder träumt, jede Nacht. Häufig jedoch erinnern wir uns nicht mehr an unsere Träume. Und manchmal sind die Traumgespinste so flüchtig, dass sie nur als vages Gefühl zurückbleiben. Wenn wir unsere Träume aber verstehen und aus ihnen lernen wollen, müssen wir sie greifbar machen. Erinnern und Festhalten von Trauminhalten kann man lernen. Dazu gibt es hier einige praktische Tipps. Und auch für das Verstehen der Träume gibt dieses Kapitel einen Leitfaden an die Hand: Mit zwölf Fragen lassen sich viele Hintergründe des Traumerlebens ermitteln.

Während wir alle jede Nacht eine Vielzahl an Traumbildern erleben, ist das persönliche Traumerinnern individuell sehr verschieden. Es gibt Menschen, die sich oft morgens oder noch während der Nacht nach einem Traumerlebnis an ihre Träume erinnern. Andere erzählen nur selten oder sogar nie von Traumbildern.

Im Verlauf einer analytischen Therapie, in der die Traumarbeit eine wichtige Rolle spielt, steigert sich das Traumerinnerungsvermögen der Patienten meist in hohem Maße. Der Patient bemüht sich, wichtige Träume einzufangen, sie im Gedächtnis zu behalten und aufzuschreiben. Dabei kann es hilfreich sein, sich das Traumerinnern abends vor dem Einschlafen zu wünschen und morgens nach dem Aufwachen mit regem Interesse in das Traumerleben der Nacht hineinzuspüren.

Falls sich dann immer noch keine Traumerinnerung einstellt, könnte dies möglicherweise daran liegen, dass sich der „Nichtträumer“ innerlich trotz aller Bemühungen gegen das Träumen sperrt. In gewissem Sinne ist eine solche Abwehr auch verständlich, denn Träume stellen meist eine Herausforderung dar. Dies ist eine ganz natürliche Reaktion, die bereits C. G. Jung beobachtete.

Um das Traumerinnern zu trainieren und auch um Material für das eigene Traumverstehen zu sammeln, empfiehlt es sich, Traumerinnerungen aufzuschreiben. Günstig ist es, neben dem Bett Papier und Bleistift bereitzulegen, um nach nächtlichen Traumphasen die sich aufdrängenden Bilder wenigstens stichwortartig zu notieren. Diese Stichworte können dann die Erinnerung wachrufen und Grundlage für ausführlichere Traumschilderungen sein. Manche Trauminteressierte ziehen es vor, ihre Traumerinnerungen morgens oder noch nachts auf ein Tonband aufzusprechen. Auch dies kann dann Grundlage für einen Traumaufschrieb sein.

Natürlich sollte man sich stets darüber im Klaren sein, dass bereits das Aufschreiben von Träumen eine Bearbeitung der Traumbilder darstellt. Denn – und dieses Phänomen hat sicher jeder schon beobachtet – für das Vermitteln unseres Traumerlebens fehlen uns oft die Worte. In Textform „verliert“ unser Traum ganz einfach an Authentizität. Ein Grund dafür ist die Tatsache, dass seine Bilder aus dem Unbewussten stammen und, noch bevor sie in Sprache übersetzt werden, bereits eine bestimmte Wirkung auf das bewusste Ich erzielt haben. Wer seinen Traum also möglichst „authentisch“ notieren möchte, sollte dies sehr bald nach dem Aufwachen tun. Dann fällt die Veränderung geringer aus, als wenn wir den Traum erst später, möglicherweise in einer anderen psychischen Gesamtsituation, aufschreiben.

Traumaufschriebe liefern nicht nur Material für die Beschäftigung mit einem einzelnen Traum. Sie können auch thematische Hinweise geben, die über den einzelnen Traum hinausweisen. Manchmal finden sich in einer Sammlung von Traumaufschrieben sogar regelrechte Traumserien. Im Nachhinein lässt sich dann erkennen, dass spezielle Themen den Träumer über einen längeren Zeitraum hinweg beschäftigt haben.

Zwölf Fragen an den Traum: ein Leitfaden zur Annäherung

Nun aber zur praktischen Anwendung des Wissens über Traumverstehen, das in den vorangehenden Kapiteln ausführlich dargestellt wurde. Es gibt ein paar grundlegende traumtheoretische Faustregeln, die den Umgang mit unseren Träumen erleichtern – oberste Voraussetzung sind natürlich immer Einfühlungsvermögen und ein intuitiver Zugang zu den Trauminhalten.

Die zwölf folgenden Fragen können als eine Art Leitfaden für das Traumverstehen dienen. Sie bilden ein solides Gerüst, das es jedem Interessierten möglich macht, sich den oft erst einmal verwirrenden Traumbildern mit klärenden Fragestellungen zu nähern. Wenn wir durch sie unsere Träume lesen und ihre spezifischen Botschaften entschlüsseln, können wir daraus wichtige Impulse ziehen und versuchen, diese für unser Leben zu nutzen.

Vorab noch einige Hinweise zum Gebrauch der Fragen: Da unsere Träume sehr unterschiedlich sein können, sind nicht immer alle zwölf Fragen für das Verständnis des jeweiligen Traumes relevant. Es gibt sehr kurze Träume; manchmal wird sogar nur ein einziges Symbolbild erinnert. Ein Traum kann aber auch eine ganze Geschichte erzählen. Ein kluger Traumversteher wird deshalb überlegen, welche der Fragen er sinnvollerweise an seinen Traum stellt, und unter den zwölf Möglichkeiten eine passende Auswahl treffen.

Zwölf Fragen an den Traum:

(1) Hat der Traum einen Auslöser? (S. 17–20)

(2) Welcher Kontext zu den Trauminhalten lässt sich herstellen? (S. 34/35)

(3) Ist der Traum eine Kompensation zur bewussten Ich-Einstellung? (S. 81–85)

(4) Welche Position hat das Traum-Ich? (S. 57–68)

(5) Gib es Schattenaspekte im Traum? (S. 22–25, 68–71)

(6) Zeigen sich Komplexe im Traum? (S. 22–25, 71–78)

(7) Ist eine kausale und/oder eine finale Bedeutung des Traums zu erkennen? (S. 86–89)

(8) Ist die formale Struktur des Traums erkennbar? (S. 90–94)

(9) Welche Dynamik wird im Traumgeschehen sichtbar? (S. 51–56)

(10) Für welche Symbole im Traum gilt es, Verständnis zu erarbeiten? (S. 47–51)

(11) Bietet sich die objektstufige und/oder die subjektstufige Betrachtungsweise des Traums an? (S. 36–46)

(12) Sind im Traum archetypische Signale oder Impulse aus dem Selbst erkennbar? (S. 25–28, 94–112, 139–143)

Der Traum von Vater Timpetu: ein Traumbeispiel und seine Entschlüsselung

Wie die zwölf Fragen an einen Traum herangetragen werden können, soll an der folgenden Traumgeschichte exemplarisch dargestellt werden. Ein 35-jähriger Mann schilderte mir im Rahmen einer analytischen Therapiesitzung folgenden Traum, den er „Vater Timpetu" nannte:

> „Ich bin als Kind – vielleicht 10 Jahre alt – mit anderen in einer felsigen Höhle. Mein Vater führt die Gruppe durch das Labyrinth, durch zum Teil sehr enge Gänge und Aufstiege. Er ist ein riesiger Mann, kräftig, mit starken Muskeln. Sein ganzer Körper ist behaart, schweißglänzend, und wie die Menschen in der Steinzeit ist er mit einem Tierfell bekleidet.
> Er geht seinen Weg polternd, laut und völlig furchtlos, während ich mich durch dieselben Löcher hindurchzwängen muss. Wir erreichen eine kleine Plattform. Plötzlich sehe ich, dass sich vor uns, dort wo der Weg weitergeht, eine Gestalt bewegt, die unseren Weg nach gefährlichen Spalten untersucht, in die wir hineinfallen könnten. Hinter uns scheint sich ein Gitter aufgetan zu haben, das einen scheinbar gutmütigen Braunbären von uns abhält."

Zu Frage (1): Auslöser

Im Dialog mit dem Träumer stellte sich heraus, dass dieser in der Zeit vor seinem Traum mit starken Eheproblemen zu kämpfen hatte, und auch die Verbindung zu seiner langjährigen Freundin war immer problematischer geworden. Er fühlte sich den Ansprüchen und Erwartungen, die beide Frauen an ihn stellten, nicht gewachsen und hatte sogar die Fantasie, mit beiden zu brechen und in ein Kloster zu gehen. Jedenfalls spürte er einen starken Wunsch nach männlicher Durchsetzungskraft, um Entscheidungen treffen zu können und den beiden Frauen entschlossener entgegenzutreten.

Auslöser für den Traum mag also die Unzufriedenheit mit der aktuellen Lebenssituation und die Sehnsucht nach erstarkender männlicher Identität gewesen sein.

Zu Frage (2): Kontext

Im Laufe eines intensiven therapeutischen Dialogs konnten einige wertvolle Ideen und Assoziationen herausgearbeitet werden, die den Kontext der verschiedenen Traumbilder deutlich werden ließen.

Um sein 10. Lebensjahr herum, so kann sich der Träumer erinnern, hatte er große Sehnsucht nach den Jahren seiner frühen Kindheit, die er auf einem Bauernhof verbracht hatte. Beide Eltern waren ganztags berufstätig, wobei der Vater in dieser Zeit als Kontaktperson fast völlig ausfiel. Der Träumer war in einem Tagesheim untergebracht, wo er sich sehr unglücklich fühlte. Mit dieser Zeit verbindet er besonders ein Gefühl des traurigen Verlorenseins.

Die anderen Personen im Traum, mit denen er sich in der tropfsteinartigen Höhle aufhält, sind wohl die gleichaltrigen Mitschüler der damaligen Zeit. Mit diesen, so erinnert er sich, habe er Kontaktprobleme gehabt und sich deswegen in der Schule sehr einsam gefühlt.

Die Angst, die er beim Abstieg in die hallenartige Höhle empfunden habe, bringt der Mann mit seinem problematischen Verhältnis zu seinem Vater in Zusammenhang. Der persönliche Vater war für den Träumer immer eine schwache Figur, die keine Führungsqualitäten besaß und mit der der Träumer nie wirklich in Kontakt gekommen war. Deswegen scheint ihm auch die Tatsache, dass der Vater im Traum als Gruppenführer auftritt, zunächst einmal unverständlich. Interessanterweise assoziierte der Träumer die Gestalt des Führers mit der starken Kinderbuchgestalt des Vaters Timpetu, einem Kinderbuch-Riesen, der ihn als Kind viele Jahre lang in einer Fortsetzungsgeschichte begeistert hatte. Sogar im Gespräch mit dem Erwachsenen ist diese Begeisterung noch zu spüren.

Die Gefahr, sich in der labyrinthartigen Felsenhöhle zu verirren und in Spalten zu fallen, bringt der Träumer mit seinen Konflikten mit den beiden Frauen in Verbindung. Diese stellen Ansprüche an ihn, die er meint, abwehren zu müssen.

Den Fährtensucher, der im Traum den Weg untersucht und absichert, assoziiert der Träumer mit seinem Psychotherapeuten, da er ihm eine ähnliche Funktion zuschreibt.

Die Kontextsuche endet im Traum bei dem Bären. Zu ihm fällt dem Träumer nicht viel ein. Mit einer abwehrenden Geste meint er, er interessiere sich grundsätzlich nicht für Tiere. Doch Bären seien gutmütig, und er habe im Traum keine Angst gehabt.

Zu Frage (3): Kompensation

Kompensiert wird die für den Träumer schwache persönliche Vaterfigur mit dem Bild des Gruppen leitenden Vaters. In der Kindheit des Träumers war der riesige Vater Timpetu aus dem Kinderbuch eine Art Ersatz für den fernen realen Vater. Da der Träumer dadurch ein schwaches Bild vom Väterlich-Männlichen hat, scheint er sich heute noch nach einem dominanten Gegenentwurf zu sehnen. Zudem mag dieses Bild auch eine Kompensation für Schwächen und Minderwertigkeitsgefühle bezüglich der eigenen Männlichkeit darstellen. Seine eigene Unsicherheit als Mann zeigt sich auch in den komplizierten Frauenbeziehungen des Träumers. Da könnte ein innerer Fährtensucher helfen.

Der gutmütige Braunbär taucht am Schluss des Traumes auf. Da der Träumer Tiere – insbesondere wilde Tiere – ablehnt oder zumindest uninteressant findet, ist der Bär im Traum als Kompensation für die Abwehr gegenüber seiner eigenen Tiernatur zu sehen. Dazu wird später bei der Entschlüsselung des Symbolbildes „Bär“ noch mehr zu sagen sein.

Zu Frage (4): Traum-Ich-Position

Der Träumer wird mit seinem Traum-Ich in seine Kindheit versetzt. Als 10-jähriger Junge, der kurz vor dem Wandlungsprozess der Pubertät steht, folgt er dem riesigen Mann und nimmt auch die Hilfe des Fährtensuchers in Anspruch. Das Traum-Ich ist bereit, mit den beiden hilfreichen männlichen Gestalten, Vater Timpetu und dem Fährtensucher, den Weg in die Tiefe der Höhle zu gehen.

Zu Frage (5): Schatten

Schattenfiguren sind im Traum die gleichaltrigen anderen Buben, die in der Gruppe Sicherheit geben, obwohl es mit ihnen Kontaktprobleme gibt. Ebenso ist der Vater in seiner Timpetu-Gestalt als Kraftfigur eine Schattenfigur, die eigene aus dem bewussten Ich verdrängte Kräfte und Ressourcen darstellt. Und auch die Figur des Fährtensuchers beinhaltet einen Schattenaspekt. Als innerer Helfer macht er auf gefährliche Spalten aufmerksam, in die man hineinfallen könnte.

Zu Frage (6): Komplexe

Ein wichtiges Anliegen des Traums ist die Kompensation des negativen Vaterkomplexes. Zudem scheint hinter der faszinierenden Gestalt des riesigen Timpetu und der wegsichernden Gestalt des Fährtensuchers beim Träumer ein Minderwertigkeitskomplex deutlich zu werden. Entscheidungsschwäche und Durchsetzungsprobleme kann man in diesem Traum vor dem Hintergrund des negativen Vaterkomplexes als auch des Minderwertigkeitskomplexes sehen.

Der Mutterkomplex des Träumers ist mit schwierigen emotionalen Erfahrungen gefüllt, da die Beziehung zu ihr insgesamt, aber besonders vor dem 10. Lebensjahr von Trennungserlebnissen und fehlender Geborgenheit geprägt ist. Sehr wahrscheinlich entwickelte der Träumer deshalb auch Misstrauen Frauen gegenüber und das Gefühl, dass es besser ist, auf Distanz zu bleiben. Der Bär, der am Ende des Traumes auftaucht, kann symbolisch mit einem Aspekt des Mütterlich-Weiblichen in Verbindung gebracht werden. Eine Auseinandersetzung mit dem Symbol „Bär" könnte möglicherweise zu einer Differenzierung und Kompensation der negativen Inhalte des Mutterkomplexes beitragen.

Zu Frage (7): kausal und/oder final

Kausal-Biographisches kommt durch die Regression des Ichs zum 10-jährigen Jungen zum Ausdruck. Die damalige unglückliche Zeit dient als eine Art Vorlage für das heutige Traumgeschehen. Offensichtlich erinnert sich der Träumer in Verbindung mit seinen jetzigen Problemen an die damalige Not in der Kindheit. Übereinstimmungen zwischen beiden Lebensphasen können eine gute Grundlage für die Reflexion über die traurige Kindheit sein, die möglicherweise auch ursächlich für die aktuellen Probleme ist.

Final-prospektiv scheinen der Mut und die Bereitschaft zu sein, mit den anderen und unter Führung von zwei hilfreichen männlichen Gestalten in die Höhle zu steigen. Der Träumer ist bereit zum Wagnis, denn in der Tiefe der Höhle gibt es besondere Erfahrungen zu machen. Vielleicht, so ist zu hoffen, können die Erlebnisse auf den gewundenen Wegen der Höhle zu einem zukünftigen Erstarken der Persönlichkeit des Träumers beitragen.

Zu Frage (8): Struktur

Die Struktur des Traums bzw. sein dramatischer Aufbau ist leicht nachvollziehbar. Am Anfang wird die Höhlenerkundung als das Thema des Traums benannt (Exposition). Dann wird der schwierige Weg beschritten, und es gilt, der Gefahr des Absturzes in Spalten auszuweichen, wobei es Führung und Hilfe gibt (Peripetie, Kulmination). Zum Schluss scheint der Rückweg vergittert, und ein neues Thema, der Braunbär, taucht auf. Der Traum enthält keine Lösung im Sinne einer gelösten Problemstellung (Lysis). Stattdessen wird vielmehr ein weiterführendes Thema zur Auseinandersetzung angeboten, nämlich das defizitäre Mütterliche, das durch die Bärensymbolik im Traum in den Blick kommt. Dies kann als ein Aufruf zur Auseinandersetzung mit dem Thema Mutter und Weiblichkeit verstanden werden, ohne die es im Leben des Träumers anscheinend nicht recht weitergehen kann.

Zu Frage (9): Dynamik

Im Traum wird eine psychische Dynamik deutlich, die hinab in die Tiefe der Höhle geht. Symbolisch gesehen könnte man sagen: hinab ins Unbewusste, wo die archetypischen Felder mit ihren unendlich vielen Ressourcen und Impulsen zu finden sind. Der Höhlenabstieg scheint symbolisch die Bereitschaft des Träumers zu zeigen, in tiefere Schichten seines Unbewussten einzutauchen, um dort bereitliegende Inhalte heraufzuholen. Inhalte, die im Prozess der persönlichen Entwicklung offenbar dringend benötigt werden.

Zu Frage (10): Symbolverständnis

Es sind besonders die Impulse aus den symbolischen Bildelementen, die zu einem weiterführenden Verständnis und der nutzbringenden Bearbeitung der Trauminhalte beitragen können. An dieser Stelle sollen die wesentlichen symbolischen

Bilder des Timpetu-Traumes näher beleuchtet und einige ihrer Bedeutungshintergünde aufgezeigt werden.

Die symbolische Traumfigur des Steinzeitriesen Timpetu

Die archaische Gestalt des Steinzeitmannes ist die zentrale Gestalt im Traum. Im Dialog über den Traum fällt dem Träumer dazu intuitiv die Märchengestalt des Riesen Timpetu aus einem Kinderbuch ein, die bei ihm noch heute die kindliche Sehnsucht nach einer starken Vatergestalt auslöst.

C. G. Jung sieht in den Riesenfiguren der Kinder zunächst einmal die Antizipation des Erwachsenseins. Aus den Tiefen des Unbewussten verweisen sie somit auf die Zukunft. Um Entwicklung und Vorankommen zu ermöglichen, muss die Figur in die kindliche Psyche übersetzt werden. Als archaische Wesen wissen Riesen um urweltliche Dinge und stehen so für eine alte Weisheit. Andererseits sind sie auch Naturwesen mit wenig individuellem Charakter und damit roh und sittlich gleichgültig.

Als Zeichen für unumgängliche psychische Entwicklung und die Notwendigkeit der Annahme der Naturhaftigkeit sowie des Hineinwachsens in väterliche Weisheitswelten passt der Riese gut zu den Entwicklungsaufgaben, die sich für den Träumer in seinem jetzigen Leben abzeichnen. Das 10-jährige Traum-Ich kommt mit der archaischen Manneskraft der Timpetufigur in Berührung, vertraut sich dieser Kraft an und kann sich hier womöglich eigener Kraftpotenziale bewusst werden.

Berücksichtigt man zudem die Tatsache, dass das Traumgeschehen in der Steinzeit situiert ist, so findet sich ein weiterer Interpretationsansatz. Die Steinzeit ist die große Zeit der neolithischen Weltrevolution. Während in der Eiszeit und der älteren Steinzeit die unberührte Umwelt das Verhalten des Menschen prägte, beginnt mit der Jungsteinzeit der

Mensch seine „Natur-Kindhaftigkeit“ zu verlieren und die Welt ichhaft zu verändern. Vielleicht bahnt sich auch im Träumer ein solcher Bewusstseinswandel hin zu mehr persönlicher Gestaltung an.

Der väterliche Steinzeitahne scheint als eine Art Seelenführer zu fungieren – Jung nennt diese Figur auch *Psychopompos.* Als Urgestalt weiß er um viele wichtige Aspekte der archetypischen Bereiche der Seele, und so mit Sicherheit um wichtige Inhalte archetypischer Weiblichkeit, die es möglicherweise in der Tiefe der inneren Seelenhöhle zu erkennen gibt.

Zur Symbolik der Höhle und des Labyrinths

Im Traum macht sich der Träumer als 10-jähriger Junge auf, um die offensichtlich notwendige Expedition hinab in die Höhle zu wagen. Der Höhlenabstieg drückt symbolisch die Bereitschaft des Träumers aus, Regression zuzulassen und in tiefere Schichten des Unbewussten einzutauchen. Gleichzeitig kann der Höhlenabstieg ins Unbewusste als ein Sich-Einlassen auf das Weibliche verstanden werden. C. G. Jung betont, dass die Höhle besonders für Jungen ein Ort ist, der die Fantasie anregt. Symbolisch steht die Höhle auch für den Mutterleib. Der Abstieg in die dunkle Höhle, den Ort der Geburt bzw. der Wiedergeburt und der Wandlung, schließt immer die Möglichkeit ein, einen archetypischen Wert heraufzubringen.

Denken wir an die Traumschilderung zurück, fällt uns auf, dass der Träumer einen Höhlenraum mit vielen Gängen wahrnimmt, den er im Traum intuitiv als Labyrinth deutet. Befragen wir die Religionsforscher zum Bild des Labyrinths, so ergeben sich interessante Anhaltspunkte: Symbolisch steht das Labyrinth für die Unterwelt, ja, für das Totenreich selbst. In verschiedenen Kulturen waren Labyrinthe ursprünglich Grabbauten zum Schutze der Königsgräber. Die Verbindung mit der Idee des Todes verstärkt also das Verständnis der Höhle als Symbol des Unbewussten. Zudem ist das Labyrinth ein Symbol des Weges hin zum ganzheitlichen Selbstsein.

Auf den Timpetu-Traum bezogen können wir die Symbolik der labyrinthischen Höhle folgendermaßen verstehen: Der Träumer macht sich als noch kindliches Traum-Ich unter Führung der Vatergestalt auf, in die Tiefe der labyrinthischen Höhle zu steigen. Damit wagt er es, sich in den Herrschaftsbereich der Großen Mutter zu begeben.

Zur Symbolik der Gestalt des Fährtensuchers und der Spalten

Auf dem Weg hinunter in die Tiefe der labyrinthischen Höhle kriecht am Boden eine männliche Gestalt. Sie prüft den Weg und soll vor gefährlichen Spalten warnen, in die das Traum-Ich und sein Führer hineinfallen könnten. Die Gestalt entspricht einem inneren Fährtensucher, der instinkthaft den Weg prüft und mögliche Weggefahren erspürt. Der Träumer berichtete selbst von seiner Angst, womöglich in Spalten, d. h. in regressive Löcher zu fallen und dort stecken zu bleiben. Durch die innere Helfergestalt wird diese Sorge jedoch beruhigt.

In ihrer weiblichen Symbolik deutet die Spalte im Traum auf eine männliche Angst vor dem verschlingenden Schoß des Unbewussten hin. Offenbar hatte der Träumer diese Angst auf die Frauen in seinem Leben projiziert. So wird auch seine Bindungsproblematik ein Stück weit verständlich. Dass er sich mit zwei Frauen eingelassen hat, kann möglicherweise als eine Angst kompensierende Flucht nach vorne gedeutet werden.

Der Träumer assoziierte die Höhlenexpedition auch mit seiner analytischen Psychotherapie und projizierte die Figur des Fährtensuchers auf seinen Therapeuten. Auf diese Weise äußert er den Wunsch, auf dem vor ihm liegenden Weg im Therapeuten einen Helfer zu haben, der warnt, wenn plötzliche Gefahren für seine Seele auftreten. Subjektiv gesehen ist der instinktive Wegsucher als eigene potente Innengestalt zu sehen. Denn es geht schließlich auch darum, inwieweit der Träumer auf seinen eigenen inneren Fährtensucher vertrauen kann.

Zur Symbolik des Bären im Traum

Selbst wenn er sich hinter Gittern befindet, an dem Bären führt auf dem Rückweg aus der Höhle doch kein Weg vorbei. Interessant ist, dass der Träumer keine Angst verspürt. Genauer gesagt, löst der Bär keinerlei Emotionen aus und wird als „gutmütig" erst einmal beiseite geschoben. Als Herausforderung wird das Bärenthema wohl vorerst abgewehrt.

Der Bär kann sehr unterschiedliche Inhalte symbolisieren. Schon C. G. Jung führt aus, dass der Bär als verschlingendes Rachentier für unsere Vorfahren jahrtausendelang Bedrohung und Gefahr bedeutete. Diese Eindrücke sind im kollektiven Unbewussten festgehalten und wirksam. Darüber hinaus steht der Bär auch für die weibliche Triebwelt. In der Schweiz wurde lange eine Bärengöttin verehrt, und Artemis-Gläubige im alten Griechenland nannten sich Bären. Der Bär ist Waldtier, Höhlentier, Nachttier und außerdem Raubtier. Er stellt in unzähligen Märchen und Mythen symbolisch wichtige psychologische Aspekte dar. Oft steht er auch für Emotionen wie Geborgenheit, Behaglichkeit und Passivität.

Für den Träumer mag das Bärenbild weitere persönliche unbewusste und auch uns unbekannte Bedeutungen haben. Festhalten lässt sich sicherlich, dass der Bär darauf hinweist, dass der Träumer seine animalische Natur vermeidet. In der Höhlentiefe seiner Psyche befindet sich der Bär hinter Gittern; die noch eingesperrte Triebwelt mit weiblichem Vorzeichen erscheint daher als unumgängliches Thema. Der Träumer ist zu diesem Zeitpunkt jedoch noch nicht bereit, sich inhaltlich damit auseinanderzusetzen. Dies wird auch daran deutlich, dass der Traum keine Lysis (Lösung) anbietet.

Unser Träumer hat in seiner Kindheit wenig mütterliche Geborgenheit erlebt, die ihm Sicherheit vermittelt hätte. Wechselnde Mutterfiguren haben ihn dem Weiblichen gegenüber misstrauisch, vorsichtig und untergründig abwehrend werden lassen. Deutlich wird dies an seinen heutigen Beziehungsproblemen. Einer Frau wirklich zu trauen oder sich für sie zu entscheiden, ist ihm noch nicht möglich. Vielleicht kann der geträumte symbolische Bär dem bewussten Ich des Träumers in Zukunft seine vielfältigen und kraftvollen Inhalte hilfreich zur Verfügung stellen und damit sein Vertrauen in eine weibliche Partnerin stärken.

Zu Frage (11): Objektstufe/Subjektstufe

Objektstufige Fragestellung

Der Träumer kann einige Trauminhalte in Bezug bringen zu seiner objektiven Lebenswelt. Er kann sich fragen, welche für sein Leben relevanten Themen der Traum aufwirft und welche Informationen und Botschaften die einzelnen Traumbilder zu Beziehungspersonen oder anderen Aspekten im Wachleben anbieten. Nach den vorangegangenen Ausführungen liegen diese Inhalte auf der Hand. Zunächst einmal wäre da die Parallele zwischen der traurigen und problematischen Kindheit und seiner heutigen komplexen Beziehungssituation, in der er sich oft sehr einsam fühlt.

Sein Mut, in die labyrinthische Höhle zu gehen, lässt den Träumer darüber nachdenken, inwieweit er in seinem Leben mutig agiert oder ob er Problemen eher ausweicht und in Mutlosigkeit verfällt.

Zudem liefert der Traum neue Informationen zum persönlichen Vater, und der Träumer kann sich fragen, inwieweit dieser Stärken besitzt, die er bisher nicht gesehen hat.

Die Sorge, in Spalten zu fallen und womöglich stecken zu bleiben, kann der Träumer objektstufig als Sorge verstehen, in seinen Beziehungen zu Ehefrau und Geliebter in eine ungute Abhängigkeit zu geraten. Dadurch liefe er Gefahr, auf seinem persönlichen Individuationsweg nicht weiterzukommen. Der instinktsichere Fährtensucher zeigt ganz deutlich: Es besteht Bedarf an konkreter Wegsicherung und Wegweisung bei der Lebensbewältigung.

Subjektstufige Fragestellung

Darüber hinaus ist der Traum vorwiegend subjektstufig zu verstehen. Die Vielzahl an Symbolbildern ruft geradezu nach der subjektstufigen Betrachtungsweise, da sie jeweils spezifische Erlebensweisen darstellen, die im Unbewussten des Träumers vorhanden sein müssen. Diese verkörpern seine inneren Möglichkeiten und können so thematische Vorlagen für eine intensive Reflexion bilden. Einige Themen und Fragen bieten sich zur subjektiven Betrachtung besonders an:

- Wie fühlt sich die Trauer des 10-Jährigen heute an? Wie erfährt der Träumer diese Stimmung in der jetzigen Lebenssituation als erwachsener Mann?
- Ist der Mut zum Weg in die Höhle und dem dortigen Labyrinth wahrnehmbar und spürbar?
- Wie steht es um die eigene Väterlichkeit? Fühlt der Träumer Führungskraft? Welche archetypischen Aspekte von Väterlichkeit bringt die Figur des Vater Timpetu ins Blickfeld?
- Wie könnte für den Träumer eine Veränderung von der unreifen Position des 10-jährigen Jungen zu einer reifen Männlichkeit und Väterlichkeit aussehen?
- Wie steht es um die Beachtung der gefährlichen Spalten, die es zu umgehen gilt? Welche Art von Gefährdung verspürt der Träumer genau?

- Wie steht es um die eigene Fähigkeit zum vorsichtigen instinktiven Fährtensuchen?
- In welcher Weise könnte eine Auseinandersetzung mit dem Braunbären und seiner Tiernatur stattfinden? Welche Emotionen sind beispielsweise mit dem Bären und seinem Aspekt als Symbol der nährenden und Geborgenheit spendenden Mütterlichkeit verbunden? Wie kann der Träumer sich selbst Geborgenheit und Nahrung geben?

Zu Frage (12): Archetypische Signale und Selbst

Der Traum führt in den Bereich des Archetyps des Großen Väterlichen. Aus diesem energetischen Seelenbereich entsteht das Bild des Steinzeitmannes als Seelenführer, welches über den Traum hilfreich (hier kompensatorisch) auf das bewusste Ich des Träumers einwirkt.

Neben der symbolischen Sichtweise der Höhle und des Labyrinths als Ort des Unbewussten findet in diesem Traum eine Begegnung mit dem Symbol des Bären statt, welches auf eine Annäherung an den Archetyp des Großen Mütterlichen hindeuten könnte.

Den Zentralarchetyp des Selbst kann man sich als Impulsgeber für einen solchen Traum mit seinen vielen symbolischen Bildaussagen vorstellen. Das Selbst sendet seine Impulse und kann damit wichtige Entwicklungsprozesse anregen.

Bedeutung des Timpetu-Traums: Versuch einer Zusammenschau

Mit Hilfe der 12 Fragen an den Traum konnten viele spannende Details gesammelt werden. Diese sollen nun noch einmal abschließend zusammengeführt werden.

Die Verjüngung des Traum-Ichs ins zehnte Lebensjahr ist als Regression in die eigene Vergangenheit zu verstehen, eine Phase in der der Träumer Mütterlichkeit vermisste und in Tagträumen von einer Ersatzmutter fantasierte. Die Traurigkeit von damals hat im heutigen Wachleben des Träumers ein deutliches Äquivalent. Die problematische Beziehung des Träumers zu Ehefrau und Geliebter scheint infolge der Mutterproblematik als Flucht vor tieferer Nähe zu einer Frau und dem Weiblichen überhaupt verständlich zu werden.

Der Abstieg in die labyrinthische Höhle, den der Träumer im Traum wagt, ist ein entscheidender Schritt hin zu wichtigen persönlichen Themen, die die Auseinandersetzung mit grundlegenden Lebenskonflikten in Gang setzen können. In der Höhle begegnet das Traum-Ich zunächst seinem Vater oder, theoretisch gesprochen, dem Vaterkomplex. Der bisher bewusst als schwach und unwichtig eingeschätzte Vater erfährt durch den Traum eine für den Träumer erstaunliche und sehr wichtige Ergänzung. Offenbar liegt die Funktion des Traumes eben darin, das schwache Vaterbild des Träumers mit potenzieller väterlicher Kraft anzureichern.

Der Traumablauf führt jedoch auch in den Bereich des Vaterarchetyps. Der Steinzeitmann als Psychopompos (Seelenführer) ist ein starkes Bild für Kräfte, die im Vaterarchetyp bereitliegen. Aufgrund der Begegnung mit dem Problemthema Männlichkeit und Väterlichkeit kommt der Träumer im therapeutischen Dialog assoziativ auf seinen Minderwertigkeitskomplex zu sprechen, der sich auf seine eigene Männlichkeit bezieht. Er führt den Komplex in seiner Lebensgeschichte auf seine Erfahrungen mit Männer- und Vaterfiguren zurück. Die Problematik mit seiner männlichen Identität bedarf sicherlich der besonderen Aufmerksamkeit.

Neben der symbolischen Sichtweise der Höhle und des Labyrinths als Ort des Unbewussten kann dieses Traumbild auch als eine Begegnung mit dem archetypischen Weiblichen oder zumindest als Annäherung daran verstanden werden. Der persönliche Mutterkomplex des Träumers ist mit vielen negativen

Erinnerungsbildern aufgeladen und bedarf einer positiven Erweiterung aus dem Bereich des Mutterarchetyps. Der Träumer begegnet im Höhlenraum dem Bären mit seiner ambivalenten Symbolbedeutung als verschlingendes Rachentier sowie als Symbol für die gutmütige, Nahrung spendende Mutter Natur. Betont wird im Traum die gutmütige Seite des Bären. Die problematische Beziehung des Patienten zu seiner Natur- und Triebhaftigkeit zeigt sich deutlich in seiner Abneigung gegenüber Tieren. Im Traum wird der „gutmütige" Bär durch ein Gitter von ihm ferngehalten. Hier spielen wahrscheinlich auch noch unbewusste Ängste mit hinein, die der Träumer zu diesem Zeitpunkt noch nicht versteht.

Seine persönlichen Konfliktthemen scheinen für den Träumer zu diesem Zeitpunkt noch relativ tief im Unbewussten verborgen zu sein. Dies wird auch an der Tatsache deutlich, dass das Traumgeschehen in einer zeitlich sehr fernen Epoche der Menschheitsgeschichte, nämlich der Steinzeit, situiert ist.

Als übergreifendes Ziel, so könnte man sagen, will der Traum den Träumer dazu aufrufen, sich aufzumachen, die archetypischen Repräsentanten von Weiblichem und Männlichem aufzusuchen. Die Symbolsprache der Traumbilder weist ihn darauf hin, dass im archetypischen Bereich der Seele die notwendigen hilfreichen energetischen Bilder bereit liegen, um die anstehenden Lebensprobleme und Entwicklungsaufgaben anzugehen. Die Begegnungen mit solchen archetypischen Energiefeldern können wichtige Meilensteine auf dem persönlichen Individuationsweg sein. Dieser ist – das symbolisiert der Labyrinthweg – ein Weg hin zur Ganzheitlichkeit.

Träume, die wir nicht vergessen können: Wiederholungs- und Angstträume

Wiederholungs- und Angstträume beschäftigen und belasten uns meist besonders intensiv und anhaltend. Der Wiederholungstraum konfrontiert uns immer wieder mit den gleichen Themen und Bildern und macht uns auf diese Weise das Wegschauen praktisch unmöglich. Offenbar wiederholen sich diese Träume, um dem Träumer die Möglichkeit zur bewussten Beschäftigung mit diesem Traumthema zu geben. Ein historisches Beispiel für einen Wiederholungstraum sind die erotischen Träume des Heiligen Augustinus, von denen bereits in Kapitel zwei die Rede war.

Analysiert man Wiederholungsträume, stellt man fest, dass sie sich nicht exakt wiederholen. Es ist vielmehr so, dass sie Variationen zu einem identischen Thema bieten. Dies bedeutet also, dass oft schon im Traum eine Bewegung hin zu Veränderungen zu beobachten ist. Wiederholungsträume fordern den Träumer nachhaltig dazu auf, sich mit bestimmten Konflikten intensiv zu beschäftigen. Meist handelt es sich dabei um ganz entscheidende Entwicklungsthemen, die der Träumer erkennen und bearbeiten soll.

Träume, die uns Angst machen, bleiben oft besonders nachhaltig in Erinnerung. Im Idealfall gelingt es uns bereits im Traum, die geträumten Ängste zu bewältigen. Dies vermittelt uns im Wachleben meist den Mut, Ängsten zu trotzen oder so mit ihnen umzugehen, dass sie unser Leben nicht behindern.

Es gibt mit Sicherheit kaum jemanden, der nicht schon einmal einen Albtraum gehabt hätte. Wir erwachen voller Angst, sind sehr erregt und haben womöglich noch nach dem Aufwachen Orientierungsprobleme. Insbesondere kleine Kinder leiden häufig unter Albträumen. Oft handelt es sich dabei um Verfolgungsträume, die manchmal sogar mit Todesnöten einhergehen. Charakteristisch ist auch, dass die Angst machenden Verfolger im Traum häufig nicht richtig identifiziert werden können. Dafür ist der folgende Traumbericht ein ganz typisches Beispiel:

> Ein junger Mann träumte, er werde von jemandem verfolgt und müsse bei seiner Flucht über eine Mauer klettern. Er hetzt über ein Hausdach, kommt jedoch nur schleppend voran, da sein Verfolger ihm panische Angst macht. Er spürt, wie der Verfolger ihm immer näher kommt, und erwacht plötzlich. Sein Herz klopft heftig, und er ist schweißgebadet.

In Albträumen können Angstemotionen nicht verarbeitet werden. Deshalb muss der Betroffene sich im Wachzustand mit seiner Angst auseinandersetzen. Bezogen auf unser Traumbeispiel stellen sich zunächst folgende Fragen: Wer verfolgt den Träumer? Ist es ein Mann oder eine Frau? Weiterhin kann man nach dem Motiv des Verfolgenden suchen: Was will er oder sie?

Oft können Albträumer auf diese Fragen keine Antwort geben. Manchmal lässt sich zumindest noch klären, ob es sich um einen männlichen oder einen weiblichen Verfolger handelt. Der Verfolgungsgrund ist dem Bewusstsein des Träumers aber häufig verborgen und muss erst mühsam erarbeitet werden. In der Verstehensarbeit mit einem Albtraum stellt sich dann meist heraus, dass die Verfolgung im Traum ein wichtiges ungelöstes Lebensproblem darstellt, das beim Träumer diese massiven Ängste auslöst.

Erwachsene Menschen, die immer wieder unter sehr verstörenden Albträumen leiden, suchen zunehmend psychotherapeutische Hilfe, um mit diesen Träumen und den daraus folgenden Problemen im Wachleben besser umgehen zu können. Dabei gilt es zunächst, das Angst oder sogar Panik auslösende Lebensthema zu identifizieren und dem Betroffenen Mut zu machen, sich damit auseinanderzusetzen. In der Therapie werden dabei oft imaginative Techniken zur Angstbewältigung angewandt. Der Therapeut kann den Patienten beispielsweise bitten, die Angst machenden Traumbilder mit hilfreichen und beruhigenden Vorstellungen zu verknüpfen. Mit solchen Techniken können die Ängste reduziert und Strategien zur Angstbewältigung erarbeitet werden. Natürlich bedarf es dazu meist eines intensiven, therapeutischen Austauschs. Verfügt jedoch der Träumer erst einmal im Wachzustand über solche Strategien, kommen diese meist auch in seinen Träumen zur Anwendung. Im Leben des Träumers kann dadurch eine Beruhigung eintreten.

8.
Traumimpulse zu Individuation und Spiritualität

Das Individuationskonzept C. G. Jungs verbindet die beiden Aufforderungen der alten Griechen „Werde, der du bist“ und „Erkenne dich selbst“ zu einem modernen Konzept der Selbstverwirklichung. Hierbei betrachtet Jung insbesondere Träume als wichtige Impulsgeber, die Entwicklung bewirken. Der Individuationsprozess „erfüllt die Dauer des Lebens mit Sinn“ (GW Bd. 16, § 400). Auf diesem Weg bedeuten gerade spirituelle Träume für viele Menschen eine große Bereicherung und ermöglichen ihnen eine sinnstiftende persönliche Religiosität.

Werde, der du bist

Individuation bezeichnet den psychischen Differenzierungs- und Integrationsprozess, der nach Jung die Entwicklung der individuellen Persönlichkeit zum Ziel hat. Sich als Persönlichkeit auszudifferenzieren bedeutet auch die Eigenheiten und Besonderheiten, die man im Laufe des Lebens entwickelt hat, anzunehmen. Dabei gilt es besonders, diejenigen Probleme, die diese Eigenheiten mit sich bringen, zu akzeptieren bzw. einen guten Umgang mit ihnen zu finden. Obwohl dies oft so verstanden wird, bedeutet Individuation nicht einfach, eine gut ausgeglichene Person zu werden, die keine Probleme mehr hat. Natürlich kann eine Persönlichkeit mit „Ecken und Kanten“ für die Mitmenschen zeitweise schwierig sein. Insbesondere hier ist es wichtig, sich den anderen mit den eigenen Besonderheiten mitzuteilen und auf diese Weise zum Verständnis beizutragen.

Differenzierung bedeutet natürlich auch Abgrenzung, Loslösung und Emanzipation von Eltern und Familie, und damit verbunden die Befreiung von bestimmenden Komplexen im eigenen persönlichen Unbewussten. Es geht dabei also um ein Mündigwerden und um persönliche Autonomie. Natürlich schließt dies ein Überprüfen und Klären der eigenen Wertmaßstäbe ein, die durchaus von denen der Umwelt abweichen und einen individuellen Charakter haben können.

Unendlich viele Impulse für die eigene Weiterentwicklung erhalten wir zunächst einmal aus unserer Umwelt, insbesondere von uns nahe stehenden Mitmenschen. Aus dem Blickwinkel der Analytischen Psychologie kommen dazu besonders diejenigen Erweiterungen und Klärungen, die durch die Inhalte unseres persönlichen Unbewussten sowie aus den Archetypen des kollektiven Unbewussten hinzukommen und die es in die eigene Persönlichkeit zu integrieren gilt.

Den Prozess, in dem es um die Integration der dunklen Seiten des Schattens oder um den Umgang mit den eigenen oft mächtigen Abspeicherungen von Emotionen in den Komplexfeldern des persönlichen Unbewussten geht, bezeichnet man in der Analytischen Psychologie als den *kleinen Drachenkampf*. Beim *großen Drachenkampf* handelt es sich dagegen um das Erkennen und die Integration der Bilder aus den archetypischen Strukturen unserer Seele. Hier erfolgt eine Erweiterung durch archetypische und existentielle Grundthemen der Menschheit, die sich in jedem von uns konstellieren und die jeder in schöpferischer Weise bewältigen muss. Aus der archetypischen Perspektive ist der Individuationsprozess in großem Umfang ein archetypisch bestimmter menschlicher Reifungsprozess (Kast 2006).

Grundsätzlich ist Individuation ein spontaner, autonomer und unbewusster Prozess. Die dabei entscheidende Frage lautet: Wird die Aufgabe der Individuation mit Bewusstheit angenommen und beachtet oder geschieht sie einfach? Jung ist der Ansicht, dass sich jeder Mensch frei entscheiden kann, ob er seinen Weg der Individuation bewusst annimmt. Und:

> „Tut er es bewusst und absichtlich, so vermeidet er alle die üblichen Folgeerscheinungen einer verdrängten Individuation, das heißt wenn er die Vollständigkeit freiwillig auf sich nimmt, so muss er nicht erleben, dass sie ihm wider seinen Willen und dann in negativer Form zustößt"
> (GW Bd. 9, § 125).

Die bewusste Annahme meines Individuationsweges kann wesentlich dazu beitragen, dass ich nicht ständig in sinnlose Leiden falle und zudem nicht verstehe, warum ich immer wieder in solche Situationen gerate.

Individuation bringt je nach Lebensalter neue Aufgaben mit sich und prägt sich in den beiden großen Lebenshälften auf ganz besondere Weise aus. Jung vergleicht diese Lebensphasen mit dem Lauf der Sonne. Die erste Lebenshälfte umfasst Kindheit und Jugend und entspricht dem Morgen, das frühe Erwachsenenalter dem Vormittag und das mittlere Alter dem Nachmittag. Der Abend steht für die späte Reife in der zweiten Lebenshälfte.

In der ersten Lebenshälfte wirkt sich der Individuationsprozess hauptsächlich als Initiation aus, die immer wieder auf einen neuen Lebensabschnitt vorbereitet. Hilfreich für den Übergang von einem Lebensabschnitt zum nächsten sind und waren in vielen Kulturen schon immer bestimmte Riten. Seit Menschengedenken wird der Mensch durch Initiationsriten regelhaft auf seinem Individuationsweg geführt.

In der zweiten Lebenshälfte kommen die eben differenziert genannten Aspekte der Individuation und deren Entwicklungs- und Ausgleichscharakter zum Tragen. Ab der Lebensmitte, also nach der Lebenswende, die oft mit einer Krise eingeleitet wird, beginnen die Phasen, die tendenziell dem Zweck der Kultur dienen können.

Individuation bedeutet aber nicht ausschließlich die Beschäftigung mit der eigenen Person und Persönlichkeit. Sie beinhaltet auch eine Hinwendung, eine Suche nach dem Du. Nach Jung gibt es niemals ausschließlich die Entwicklung von Autonomie. Hand in Hand damit geht immer auch die Entwicklung der Beziehungsfähigkeit. Das „Werde, der/die du bist" ist also gar nicht individualistisch oder im negativen Sinne egozentrisch zu verstehen. Man kann sogar sagen, dass das bewusste Ich, das sich im Individuationsprozess gefunden hat, nicht nur nach sich selbst, sondern auch intensiv nach dem Du sucht.

Wenn ich mir bewusst mache, dass wir uns alle auf dem Weg der Individuation befinden, weiß ich, dass nicht nur ich, sondern jeder Mensch die Mühen dieses Weges immer wieder auf sich nehmen muss. So kann ich vielleicht auch die Grundhaltung entwickeln, den anderen in seiner ganz spezifischen persönlichen Anstrengung auf seinem Individuationsweg anzunehmen und zu achten. Wenn ich weiß, dass der andere – so wie ich selbst – für diesen Weg große Ressourcen in seiner Seelentiefe trägt, dann kann ich ihm für seine Anstrengungen auch meine Anerkennung zollen.

Individuation ist ein lebenslanger Prozess, ein Prozess, der nie endet. Es geht dabei nicht um das Erreichen von Vollkommenheit. Ziel der Individuation ist vielmehr die Vollständigkeit. Das bedeutet, dass ich möglichst viele Aspekte meiner Möglichkeiten aus dem Unbewussten erkenne und in meine Persönlichkeit integriere. Konkret bedeutet dies: Wandle dich immer weiter, indem du vom Bewusstsein her immer wieder Neues aus dem Unbewussten erkennst und versuchst, es an dein Bewusstsein anzuschließen.

Erkenne dich selbst

Neben der Forderung „Werde, die/der du bist" ist für den Individuationsweg ebenso der Aufruf „Erkenne dich selbst" wichtig, der vielen Menschen aus den mythologischen Erzählungen des Orakels von Delphi bekannt ist. Der Mensch, der vor das Orakel trat, sollte mit dieser Aufforderung insbesondere seine Unterordnung und Ohnmacht gegenüber den Göttern erkennen, um auf die Mitteilungen der hohen Mächte zu hören. Heute bedeutet Selbstverwirklichung ebenfalls Selbsterkenntnis in dem Sinne, dass jeder auf seinem Individuationsweg möglichst viel von dem an sein Bewusstsein anschließen sollte, was an Unbewusstem in ihm persönlich und in ihm als Mitglied des Menschenkollektivs wirksam und lebendig ist.

Die Analytische Psychologie ist der Ansicht, dass letztlich alle wesentlichen seelischen Impulse vom Zentralarchetyp des Selbst ausgehen und auf das bewusste Ich einwirken. Der Prozess der Individuation wird somit vom Selbst intendiert, das damit in gravierender Weise die Abläufe unseres Lebens bestimmt.

C. G. Jung spricht in Verbindung mit dem Individuationsprozess sogar von einem Trieb zur Selbstverwirklichung. Dieser Drang zur Individuation entsteht im Unbewussten des Menschen. Damit der Prozess in Gang gesetzt wird, bedarf es nicht unbedingt des Drucks von außen oder der Belehrungen durch Kulturträger oder Religion. In jedem Individuum, das sich intensiv seinem inneren Leben zuwendet, entsteht das drängende Bedürfnis: Werde, der du bist, erkenne dich selbst, beschreite den Prozess der Individuation und fördere deine Selbstverwirklichung und Ganzwerdung.

Der Drang zur Selbstverwirklichung wird insbesondere durch unsere Träume wirksam. Diese transportieren Botschaften aus der Tiefe der Seele an das bewusste Ich des Träumers und regen ihn dazu an, die Impulse auch im Wachleben wirksam werden zu lassen. Über unsere Traumerinnerungen können wir schließlich erfahren, welche Impulse aus dem schöpferischen Selbst in unser Leben gelenkt werden sollen.

Wenn der Archetypus des Selbst erfahrbar wird, stellt sich ein Gefühl der Selbstzentrierung ein. Menschen, die die Symbole des Selbst erfahren haben, erleben dies oft als schicksalhaft. Symbolisch erscheint das Selbst meist in Darstellungen von Gegensatzvereinigungen. Hier sind zunächst einmal die kollektiven Ganzheitsbilder zu nennen, die seit Jahrtausenden starke Wirkungen auf uns Menschen haben. Hier kann man beispielsweise das Mandala anführen, das in abstrakt symbolischer Form auf sehr anschauliche Weise verschiedenste Gegensätze miteinander verbindet.

Weitere berühmte kollektive Beispiele für Ganzheitssignale aus dem Archetyp des Selbst sind Symbole wie das Kreuz, der Kreis mit dem Punkt in der Mitte, die Kugel und das Yin-und-Yang-Zeichen. In unseren Träumen können solche Ganzheitssymbole als Impulsgeber für den Individuationsprozess auftreten – wie das folgende Traumerlebnis einer jungen Frau zeigt.

„Mit vielen anderen Leuten schaue ich zum Mond am dunklen Abendhimmel. Er kommt und geht, d. h. man sieht ihn, und dann verschwindet er wieder. Plötzlich platzt er wie eine Seifenblase in zwei Hälften. Schrecklich! Dann kommt er wieder. Nun ist er ein Spiegel am Himmel, in dem man die ganze Welt reflektiert sieht: Häuser, Bäume und alles, was uns umgibt. Der Spiegel sieht jetzt aus wie ein Mandala, innen rund, mit Spiegelecken an allen vier Seiten. Wir sind alle sehr aufgeregt. Nur meine Schwester sagt ganz ruhig: ‚Diesen Mond haben die Leute als Ersatz für den alten Mond gemacht.'"

Die Träumerin wurde zu diesem Zeitpunkt von schrecklichen diffusen Ängsten geplagt. Oft wusste sie nicht ein noch aus. Ihre Realitätssicht war dabei sehr eingeschränkt, was dazu führte, dass ihre Angstvorstellungen sich noch verstärkten. Im Traum platzt der alte Mond und damit vielleicht auch ihre alte Bewusstseinswelt. Der alte Mond verschwindet, und ein neuer Mond in Form eines Mandalas – außen viereckig und innen rund – entsteht. Dieser neue Mond ist außerdem ein großer Spiegel, der die Welt auf möglicherweise neue Art reflektiert.

Für die Träumerin hatte dieser Traum viele Facetten. Besonders beeindruckend aber war für sie die neue Form des Mondes. Der in das Viereck gefasste Mond schien sehr schön, und die Reflexion der Welt in diesem Mandalaspiegel bot ihr ein zutiefst beruhigendes Bild. Die Traumerfahrung wirkte lange nach und unterstützte die Träumerin auf ihrem therapeutischen Weg hin zu einer neuen inneren Sicherheit.

Wir können davon ausgehen, dass Signale aus der Selbst-Instanz in vielen unserer Träume wirksam werden. Der Träumer spürt ihre archetypischen Energien in den erinnerten Traumbildern. Solche Träume werden meist als besonders intensiv und bedeutsam erlebt, was im Traumdialog für den Gesprächspartner ebenfalls spürbar wird. Auch einer meiner Patienten erlebte einen solchen Traum.

> Der Mann träumte davon, dass er mit seiner Freundin eine Bergwanderung mache. Aus einem Tunnel sieht er zunächst einen Güterzug mit vielen Lokomotiven herauskommen. Der Wanderweg, den die beiden beschreiten, ist öde, sandig und steil ansteigend. Doch plötzlich stehen die beiden vor einem unbeschreiblichen Panorama: einem tiefblauen, ovalen See, einem Schloss mit dicht bewachsenem Park und schließlich einem herrlichen Bergpanorama.

Der Träumer war von diesem fantastisch schönen Naturbild überwältigt. Er hatte das Gefühl, ein großes Geschenk aus seiner Traumwelt erhalten zu haben. In seiner beeindruckenden Schönheit wurde das Naturpanorama für ihn ein Bild für Ruhe und Gelassenheit. Er fühlte sich durch den Traum zuversichtlicher, seine weiteren anstehenden Lebensaufgaben bewältigen zu können. Auch das Glücksgefühl, das ihm der Traum vermittelte, schien ihm aus seinem tiefsten Inneren zu kommen.

Signale des Selbst zeigen sich jedoch auch in anderer Form. Viele Menschen spüren zum Beispiel in künstlerischen Darstellungen Stärke und Ganzheitssignale aus dem Selbst, so z. B. in tierischer, in phallischer oder anders gearteter Symbolik. Obwohl solche kollektiv wirkenden Bilder im Prinzip jeden Menschen ansprechen können, spielt dabei immer eine starke persönliche Erfahrungsbereitschaft hinein.

Auch hinter der Sehnsucht des Menschen nach Liebe steht im Grunde eine tiefe Sehnsucht nach dem Selbst. Das Erleben von intensiver Liebe, von Ganzheit, von Vereinigung von Gegensätzen und der tiefe Wunsch nach Entgrenzung scheinen ebenfalls vom Archetyp des Selbst motiviert zu sein.

Nicht zuletzt jedoch zeigen sich die großen wirkungsvollen Ganzheitssymbole für viele Menschen als ihre Gottesbilder. In unserer christlichen Mythologie ist Christus die zentrale Selbstfigur. Als göttlicher Archetyp repräsentiert er die psychologisch stärkste Macht. Für C. G. Jung ist das Selbst „die unmittelbarste Erfahrung des Göttlichen, welche psychologisch überhaupt fassbar ist“ (GW Bd. 11, § 396). Wie uns Ganzheitssymbole im Traum begegnen können, zeigt das folgende Traumbeispiel:

„Mit meinem Vater bin ich im Dschungel. Ein manövrierunfähiger Hubschrauber torkelt in der Luft auf uns zu. Wir flüchten in den nahe gelegenen Wald und verstecken uns ganz in der Nähe unserer Hütte hinter einem Busch. Der mittlerweile am Boden aufgeprallte Helikopter verliert Brennstoff und wir ahnen, dass innerhalb weniger Minuten das ganze Gebiet in Flammen stehen wird. Inmitten lodernder Flammen rennen wir zu unserer Hütte. Unter Tränen fordert mich mein Vater auf, irgendetwas für mich Wertvolles zu retten. Von einer seltsamen Ruhe beseelt, lasse ich meinen Blick durch das Innere der Hütte kreisen. Auf dem Boden bemerke ich eine Buddhafigur. Ich nehme sie unter den Arm und verlasse unser brennendes Heim."

Der Träumer rettet die Buddhafigur. In dieser bedrohlichen Gefahrensituation ist es die wertvolle Figur Buddhas, die er mit auf den weiteren Weg nehmen will. Neben anderen Themen ist wohl die zentrale Botschaft dieses Traumes, dass in Gefahr das Wissen um die innere Ganzheit für das Weiterkommen zentral wichtig ist. Mit dem Symbol des Buddhas als „ganzheitlichem Menschen" unter dem Arm kann man sich gut auf den weiteren Lebensweg machen. Auch künftige dramatische Lebensschwierigkeiten lassen sich mit dem Wissen um den Besitz einer solchen Kraft aus dem Selbst besser meistern.

Für viele Menschen eröffnen sich durch die Beschäftigung mit solchen Kraftbildern neue Horizonte auf dem eigenen Individuationsweg. Träume, in denen Symbole der Ganzheit erträumt werden, vermitteln die Erfahrung von Selbstzentrierung und sind so oft der Beginn einer ichstärkeren Lebensposition, von welcher aus die Stürme des Lebens besser zu bewältigen sind. Das Gefühl, im Inneren ein großes Kraft- und Ganzheitszentrum zu haben, kann in vielen Lebenslagen sehr hilfreich sein. Insbesondere, wenn eine innere Sicherheit entsteht, die nicht so leicht wieder verloren geht.

Vorausschauende Träume

Immer wieder stellen Trauminteressierte sich die Frage: Erahnen Träume zukünftige Entwicklung? Sieht man den Individuationsprozess als einen gerichteten Entwicklungsprozess an, so ist davon auszugehen, dass das Unbewusste eine gewisse vorausschauende Fähigkeit hat.

Wenn auch selten, so begegnet man in Träumen immer wieder Traumbildern, die geradezu prophetischen Charakter haben. Konkrete zukünftige Ereignisse werden vorausblickend dargestellt, und es scheint, als ob das Unbewusste im Traum eine Art Vorausskizzierung bestimmter Lebenssituationen zeigt. Oft wirken diese Antizipationen faszinierend, können manchmal jedoch auch Ängste auslösen. C. G. Jung wies immer wieder darauf hin, vorausblickende Träume nicht überzubewerten. Dies kann im schlimmsten Fall nämlich dazu führen, dass Menschen in ihren Träumen konkrete Voraussagen vermuten und sich durch diese im Wachleben zu stark leiten lassen.

Der Tod von nahen Angehörigen ist beispielsweise ein recht häufiges Traumthema, was aber nur in begründeten Fällen auf den baldigen Tod des jeweiligen Angehörigen hindeutet. So muss zum Beispiel der Tod der Mutter im Traum meist subjektiv als Ablösungstendenz verstanden werden, und nicht objektiv als ihr baldiger Tod. Auch das brennende Haus im Traum muss nicht bald in der Realität brennen; dies kann höchstens dann geschehen, wenn eine aus dem Traum heraus entstandene psychische Belastung des Träumers die Brandgefahr erhöht.

Manchmal jedoch können Träume in geradezu beeindruckender Weise konkret auf Zukünftiges hindeuten. Vielen dieser Träume kann man den Anschein von Übersinnlichkeit nehmen, wenn man sich vor Augen führt, dass der Traum sehr viel einfacher als das Bewusstsein Prognosen für zukünftiges Verhalten geben kann. Im Traum stehen viele unterschwellige Wahrnehmungen zur Verfügung, die dem bewussten Ich entgangen sind. Sie werden den bewussten Gedanken und Gefühlen hinzugefügt. Zudem stehen dem Traum unterschwellige Erinnerungsspuren und kollektives archetypisches Wissen zur Verfügung. Dies ist natürlich eine gute Ausgangslage für Prognosen über Zukünftiges.

Initialträume: eine besondere Form vorausschauender Träume

Sie tauchen oft in Lebenskrisen, Zeiten der Neuorientierung und bei wichtigen Neuanfängen auf dem Lebensweg auf, so zum Beispiel bei Studienbeginn, zu Beginn des Berufslebens oder bei Aufnahme einer neuen Arbeit. Nicht selten wird der Start in eine neue Lebensphase als krisenhaft erlebt. In solchen Phasen können Initialträume auftreten, die wertvolle Hinweise darauf geben, wie eine Weiterentwicklung aussehen könnte. Besonders in Lebenssituationen, in denen das Gefühl des „Steckengebliebenseins" oder des „Nicht-weiter-Kommens" vorherrscht, zeigen Initialträume Wege auf, die ein Weiterkommen ermöglichen.

Viele Initialträume sind erstaunlich durchsichtig und klar. Es kann aber durchaus sein, dass sie bei fortschreitender Analyse schwerer verständlich werden. Es scheint sogar, als ob sie gerade dann kompliziert würden, wenn der Prozess des bewussten Traumverstehens für den Träumer belastende und unangenehme Seiten hat. Die intensive Auseinandersetzung mit dem inneren Leben ist eben anstrengend. Unter diesem Gesichtspunkt ist eine gewisse Rückzugstendenz durch eine stärkere und komplexere Verhüllung der Trauminhalte verständlich.

Ein Mann, der sich auf einem therapeutischen Weg der Selbstreflexion befand und noch das letzte Drittel seiner analytischen Arbeit vor sich hatte, hatte einen besonders eindrücklichen Initialtraum:

> „Ich sehe eine Prozession im Innern eines Berges. Die Gänge sind aus hartem Stein gehauen und mit vielen Kerzen erleuchtet. Serpentinen führen nach oben. An jedem Wegknick befinden sich kostbare Altäre. Die Menschen bewegen sich leise und feierlich im warmen Licht der vielen Kerzen. Oben angelangt, rutschen die Pilger in separaten Schächten an Feuerwehrstangen zum Ausgangspunkt zurück. Ich will den Prozessionsweg auch gehen."

Der Traum konnte als Zeichen dafür gewertet werden, dass seine analytische Therapie in eine neue Phase eintrat. Der Mann hatte schon viel für sich erarbeiten können. Er verstand sich mittlerweile selbst viel besser und auch seine depressiven Stimmungen waren deutlich zurückgegangen. Der Traum machte ihm deutlich, dass es im letzten Abschnitt seiner Therapie nun nicht mehr nur um seine neurotischen Leiden gehen musste.

Im Inneren des Berges tut sich für den Träumer ein Serpentinenweg auf, ein Spiralweg, den man symbolisch als Entwicklungsweg verstehen kann. Noch sind es andere, die diesen Weg gehen, doch der Träumer will sich selbst auf diesen Erfahrungsweg begeben. Es gilt, die kostbaren Altäre in der Höhle und – im übertragenen Sinn – im Inneren des Träumers zu erkunden und deren Wirkung zu erfahren. Um was es sich bei diesen Schätzen genau handelt, bleibt jedoch offen, und auch bei der Traumbesprechung konnte der Träumer keine für sich stimmige Idee über ihren Inhalt finden. Eine spirituelle Dimension kam für ihn erst einmal nicht in Frage, da er betonte, keine religiösen Interessen zu haben. Das Traumbild der durch Kerzenschein erleuchteten Dunkelheit ließ aber während der

Traumbesprechung eine feierliche, warme, spirituelle Stimmung aufkommen, die etwas Ergreifendes hatte. Obwohl der Träumer spirituelle Interessen in seinem bewussten Ich ausschloss, war sein Traum ein Initialtraum, der einen ersten Kontakt zum Religiösen andeutete und den Beginn einer reifen Begegnung mit dem Thema Transzendenz voraussagte. Dass dieser Prozessionsweg gut beendet werden kann, geben die Feuerwehrstangen als Sicherheitssymbol zu verstehen. Das Schlussbild des Traumes gab ihm die Sicherheit, nach seinem Gang ins Innere des Berges wohlbehalten in die bewusste Realität zurückzufinden.

Besondere Beachtung erfahren Initialträume in analytischen Therapieprozessen. Häufig werden wichtige Träume am Anfang einer analytischen Psychotherapie als Initialträume gedeutet, denn sie sind oft eine wichtige Grundlage für die therapeutische Arbeit. Für den analytischen Therapeuten haben sie in zweifacher Hinsicht einen wichtigen Aussagewert. Einmal sind sie bedeutsam für die Diagnose, da die Themen im Initialtraum auf unbewusste Fragestellungen und Problemthemen des Träumers hinweisen, so beispielsweise auf neurotisch bedingte Probleme bzw. Komplexfelder des Träumers.

Zudem ist seine prognostische Bedeutung interessant, da der Initialtraum in oft faszinierender Weise Zukünftiges ankündigt. Die prognostische Seite eines solchen Traums kann sowohl etwas über den zu erwartenden kurzfristigen Verlauf der Analyse, wie auch über die Heilungsaussichten im gesamten weiteren Verlauf aussagen. Dabei ist es erstaunlich, wie eindeutig positiv oder eben negativ eine solche Prognose im Traum deutlich werden kann. Ob wirklich ein prognostischer Trauminhalt vorliegt, muss natürlich genau geprüft werden. Dies ist hauptsächlich davon abhängig, ob im Traum etwas gezeigt wird, was über die bewusste jetzige Sicht des

Patienten hinausgeht. Zum anderen muss man sich das Verhalten des Traum-Ichs genau anschauen. So stellt sich besonders die Frage, ob das Ich im Traum das im Voraus entworfene Geschehen zulässt oder möglicherweise abwehrt.

In ganz besonderen Träumen können wir manchmal von Entwürfen und Visionen unseres Selbst erfahren, die unsere Entwicklung auf dem Individuationsweg in besonderer Weise anregen. Das Selbst als zentraler Archetyp enthält eine schöpferische Kraft, die Vorstellungen und Entwürfe für die weitere Entwicklung entstehen lässt und an das bewusste Ich sendet. So können stark wirkende Selbst-Symbole in den Träumen einen Entwicklungsstillstand auf beeindruckende Weise beenden und vorausblickend Kraft für die Zukunft versprechen. Wie im folgenden Traumbeispiel.

> Die Patientin besaß einen außergewöhnlichen Ring in Schlangenform, der eine gebogene Kreisschlange zeigte, bei der sich Kopf und Schwanz treffen. In einer akuten Krisensituation sieht die Frau im Traum, wie sich bei Ihrem Schlangenring das Maul der Schlange öffnet und eine kleine Süßwasserperle herausfällt und auf sie zurollt.

In ihrem Wachleben, d. h. im Beruf und in ihren Beziehungen, empfand die Frau in dieser Zeit nur Verwirrung, Chaos und Perspektivlosigkeit. Das Traumbild hingegen berührte sie zutiefst. Symbolisch steht das Bild der Schlange, bei der sich Kopf und Schwanz treffen, für den Urdrachen des Anfangs, den so genannten „Uroboros“, der auch ein Symbol für ein Ursprungsstadium des Bewusstseins darstellen kann. Im Traum der jungen Frau löste sich aus der Umklammerung der Kreisschlange eine Perle. Dies kann ein Traumsignal sein für eine Tendenz weg vom Bewusstseinsstand der Kreisschlange, hin zu einem neuen, möglicherweise bewussteren Sein in der Welt. Zudem war die Perle, die der Träumerin quasi entgegensprang, ein hoffnungsvolles Zeichen, ein

Ganzheits- und Kraftsymbol, das für sie einen starken Mut machenden Initialimpuls für den Weg aus ihrem damaligen Lebenschaos darstellte.

Spirituelle Traumimpulse

Träume mit religiösem Inhalt haben die Menschen schon immer in ganz besonderem Maße fasziniert und inspiriert. Solche Träume scheinen in spürbarer Weise aus dem Zentralarchetyp des Selbst initiiert zu sein und werden oft als Impuls zur Auseinandersetzung mit der eigenen persönlichen Spiritualität empfunden.

Häufig tauchen in Träumen religiöse Symbole und Themen auf. Träumer erinnern sich beispielsweise oft an Kirchen oder andere Räume der Religionsausübung. Aber auch christliche Würdenträger wie Bischöfe oder Päpste können im Traum auftreten, insbesondere dann, wenn es um konfessionelle Aspekte geht. Meist ist es hier nicht schwer, die im Traum aufgeworfenen religiösen Themen zu identifizieren und zu erarbeiten, welche Botschaft der Traum an den Träumer heranträgt. Eine Kirche, die im Traum ausgegraben wird, kann so zum Beispiel darauf verweisen, dass die religiöse Dimension wieder stärker in das Leben des Träumers treten soll.

Göttliche Kräfte können im Traum in kulturell überlieferten Gottesbildern oder in symbolischen Darstellungen erscheinen. Besonders wirksam ist das Bild des Göttlichen Kindes, ein Symbol für Neuwerdung. Wir können davon ausgehen, dass wir in vielen unserer Träume Neuwerdungsimpulse erhalten, die unsere Entwicklung vorantreiben sollen. Träume von der Geburt eines besonderen, eines Göttlichen Kindes, symbolisieren dabei einen besonders starken Neuwerdungsimpuls, der sich auf ganz wesentliche Wandlungen im Leben des Träumers beziehen kann. Außerdem kann dieses Bild auch für eine Neugeburt der spirituellen Dimension im Leben des Träumers stehen.

Im folgenden Traum ist eine Begegnung mit dem Heil bringenden Göttlichen Vater das zentrale Thema:

> „Ich fahre auf der linken Spur auf der Autobahn. Plötzlich sehe ich einen Unfall und stoppe. Ein Mann wurde in ein Wäldchen geschleudert. Er hat beide Beine verloren. Er bittet mich, mit ihm ein letztes Vaterunser zu beten. Er meint, sterben zu müssen. Auf mich wirkt er sehr gelöst. Ich kann das Vaterunser beim ersten Versuch nicht aufsagen, sondern erst beim zweiten. Der Verunglückte lächelt und geht auf seinen Beinstummeln davon."

Der Träumer hatte vor diesem Traum lange Zeit im wahrsten Sinne des Wortes auf der Überholspur gelebt. Als er plötzlich arbeitslos wurde, warf ihn dies aus seiner gewohnten Bahn, und sein Selbstwertgefühl war stark angegriffen. Subjektstufig war er selbst der Mann ohne Beine, der von dem Göttlichen Vater aus der Tiefe seiner Selbstschicht stärkende Kräfte erhielt. Die zurückbleibende Behinderung kann man als eine mögliche Veränderung in der Persönlichkeit des Träumers deuten, die aus der Krisenerfahrung und dem Erlebnis des gnadenvollen Überlebens entstanden ist.

Die religiöse Dimension des Traumes verwunderte den Träumer sehr. Zwar hatte er als Kind eine christliche Ausbildung in der Schule erhalten, empfand sich aber als areligiös. Jedenfalls spielte Religion keine Rolle in seinem Leben. Aufgrund des Traumes ergab sich im therapeutischen Dialog eine Auseinandersetzung mit einer möglichen Wirksamkeit von göttlichen Kräften. Dies war für den Träumer eine ungewohnte Thematik und gab ihm wichtige Impulse für eine weiterreichende Reflexion über Lebenssinn, Selbstverwirklichung und schließlich auch Spiritualität.

Feuer und Licht sind häufig auftretende symbolische Darstellungen göttlicher Kräfte in Träumen. Typisch dafür ist etwa dieser Traum:

> „Gemeinsam mit einem alten Mann schaufle ich auf dem Flachdach meines Hauses Nebelwolken beiseite. Wir strengen uns sehr an, plötzlich tut sich der Himmel auf, und Feuer fällt herab. Ich bin tief beeindruckt und hebe zum Schutz meine Hände hoch."

Der Träumer befand sich in einer Sinnkrise. Er zweifelte daran, dass er den Anforderungen seines Studiums gewachsen war, und litt immer wieder an Minderwertigkeitsgefühlen.

In seinem Traum regnet Feuer vom Himmel, ein Bild, das an die Schilderung des christlichen Pfingsten erinnert. Der junge Mann empfand den Traum als starken Energiezuwachs und das Bild dieses möglicherweise göttlichen Himmelsfeuers machte ihm Mut, sein Studium weiterzuführen. Ausgehend von diesem beeindruckenden Traumerlebnis setzte er sich mit seiner Fähigkeit zur Begeisterung auseinander und erkannte in ihr Kraftreserven für besondere Leistungen. Nicht zuletzt war der Traum für ihn ein spirituelles Erlebnis. Er empfand das herabfallende Himmelsfeuer als Zufuhr göttlicher Kräfte.

C. G. Jungs neuer Zugang zur Religiosität

> „Religionen stehen nach meiner Ansicht mit allem, was sie sind und aussagen, der menschlichen Seele so nahe, dass am allerwenigsten die Psychologie sie übersehen darf" (GW Bd. 11, § 172).

In unserer heutigen säkularisierten Welt wird immer stärker nach einem überzeugenden inneren Gottes- und Religionserlebnis gesucht, das unabhängig von Dogmen und Glaubensbekenntnissen ist. Für viele tut sich durch die Analytische Psychologie ein neuer Zugang zur Religiosität auf. Dies scheint auch daran zu liegen, dass sie die persönliche Erfahrung betont, was dem modernen, spirituell orientierten Menschen entgegenzukommen scheint. Die Analytische Psychologie betrachtet Religiosität, über die christlichen Konfessionen hinaus, als Einstellung der Psyche gegenüber dem Göttlichen und Heiligen, als persönliche Erfahrung des Überpersönlichen. Damit ist die Religiosität auch eine der allgemeinsten Äußerungen der menschlichen Seele.

Natürlich ist die Analytische Psychologie keine exegetische Wissenschaft und erhebt nicht den Anspruch, über die Wahrheit der Existenz Gottes oder einer anderen religiösen Instanz urteilen zu wollen. Der Analytischen Psychologie geht es um das seelische Erlebnis von Spiritualität, darum, wie Gott erfahren wird. Religiöse Bilder und Symbole entspringen der Urschicht unserer Seele. Echtes religiöses Gefühl ist – wie die Kunst – immer in dieser tiefen Schicht unserer Seele verwurzelt. Große Beispiele für die sprudelnde innere Quelle sind die Offenbarungen, die in den großen Weisheitsbüchern der Menschheit aufgezeichnet sind. Große Religionsstifter (z. B. Mohammed) erfuhren ihre Lehren und Visionen aus den Tiefen ihrer Seele. Im Alten Testament wiederum wird berichtet, dass Propheten in ihren Träumen Gottes Willen und seine Gegenwart erkannten. Neben diesen großen, überlieferten Träumen und Offenbarungen gab es aber auch zu allen Zeiten die Berichte vieler einzelner Menschen, die im Traum religiöse Erfahrungen machten.

Nach C. G. Jung entsteht Gotteserfahrung durch die Synthese und damit die Vereinigung von bewusster und unbewusster Psyche. Diese Erfahrung ist gleichbedeutend mit einer psychologischen Erfahrung des archetypischen Selbst. Vom Standpunkt der Analytischen Psychologie aus kann das Selbst folglich als Erlebnis des Gottes in uns formuliert werden. Das, was dem Gottesbild entspricht, ist nach Jung in der Seele jedes Menschen bereits angelegt. Verkörperungen dieses inneren Gottesbildes finden sich in den großen Gottfiguren wie Jahwe, Christus oder Buddha. Wie andere Ganzheitsbilder symbolisieren sie Orientierung und die Möglichkeit zum Heilwerden.

Jungs Sichtweise hat ihm viel Kritik und von Seiten der Theologie vor allem den Vorwurf eingebracht, die Religion und den Gottesbegriff maßlos zu psychologisieren. Doch dies war und ist nicht die Intention der Analytischen Psychologie. Die Aufforderungen zur Individuation „Werde, der du bist" und „Erkenne und verwirkliche dich selbst" bedeutet eben auch die Erfahrung des Selbst und schließt damit für die meisten Menschen eine spirituelle Dimension der Selbstbegegnung mit ein. Das bedeutet: Nicht mein Ich ist das Zentrum, sondern der Archetyp des Selbst, der gleichfalls das Bild des Göttlichen in uns Menschen ist. Ähnliches formulierte schon der große Mystiker des Mittelalters, Meister Eckehardt: „Wenn aber die Seele erkennt, dass sie Gott erkennt, so gewinnt sie sogleich Erkenntnis von Gott und von sich selbst" (Quint [Hrsg.] 1978, Bd. 1: S. 108). Dabei ist dieser Prozess der Selbstfindung im Grunde nicht individualistisch ausschließlich auf den eigenen Individuationsprozess bezogen. Auch mein Mitmensch trägt das Bild des Göttlichen in sich und ist somit mein Wegbegleiter auf der Suche nach der Erkenntnis von Gott.

Eine spirituelle Erfahrung der Selbst- oder Gottbegegnung schließt meist auch eine Versöhnung des Menschen mit sich selbst ein. Jung formuliert dies folgendermaßen:

> „Wenn man zusammenfasst, was die Menschen über ihre Erfahrung erzählen, so kann man es ungefähr so formulieren: Sie kamen zu sich selber, sie konnten sich selber annehmen, sie waren imstande, sich mit sich selbst zu versöhnen, und da-

durch wurden sie auch mit widrigen Umständen und Ereignissen ausgesöhnt. Das ist fast das gleiche, was man früher mit den Worten ausdrückte: ‚Er hat seinen Frieden mit Gott gemacht, er hat seinen eigenen Willen zum Opfer gebracht, indem er sich dem Willen Gottes unterwarf.'"
(GW Bd. 11, § 138)

C. G. Jung wendet sich mit seinem psychologischen Zugang an die Menschen, die Probleme mit ihrem Glauben haben, denn seiner Überzeugung nach erkranken besonders viele von ihnen an Neurosen. Gerade in der heutigen Zeit ist unübersehbar, dass das Fehlen eines religiösen Bezugs für immer mehr Menschen zum tief greifenden Problem wird. Das archetypische Bedürfnis nach religiöser Sicherheit bleibt unbefriedigt, Unruhe und Ängste sind die Folge. Mit Hilfe der psychologisch-symbolischen Sichtweise eröffnet sich für jeden Menschen die Möglichkeit, auf seinem Individuationsweg eine individuelle Religiosität zu finden. Dies wird von vielen Menschen als eine große Bereicherung empfunden. So erzählte mir beispielsweise ein junger Patient, er habe in einer persönlichen Sinnkrise folgenden Traum gehabt:

„Ich bin in einem arabischen Land und gehe in eine große Moschee. Viele beten dort. Plötzlich gehen alle Lichter der Deckenbeleuchtung an. Der ganze Raum ist in eine überwältigende Lichtfülle gehüllt. Ich bin fasziniert und erwache."

Der Träumer war von diesem Traumbild begeistert und tief dankbar für diese überwältigende Lichterfahrung, da sie ihm wie eine Art Erleuchtung schien. Der Traum brachte ihn wieder mit seiner verloren geglaubten Religiosität in Verbindung und veränderte dadurch sein Leben. Allein die Erinnerung an diesen Traum begleitete ihn tröstlich in vielen Lebenssituationen. Wie viele Menschen, die solche oder andere ergreifende Traumerfahrungen machen, war er dankbar für die Anregung, Träume ernst zu nehmen, sie festzuhalten und sie im Traumdialog zum Erlebnis werden zu lassen. Potenziell, so glaube ich, kann jeder von uns solche besonderen Traumerfahrungen machen. Wir müssen lediglich dafür offen sein.

Die Kunst des Traumverstehens

Träume lassen sich niemals vollständig und erst recht nicht mit einer simplen Gebrauchsanweisung verstehen. Bücher wie dieses können notwendiges Grundlagenwissen vermitteln und damit den Verständnishorizont zum Träumen deutlich erweitern. Darüber hinaus ist der Umgang mit Träumen jedoch immer auch eine Kunst, in der Intuition und Einfühlung eine große Rolle spielen. Hier muss jeder seinen persönlichen Zugang finden.

Für C. G. Jung ist das Traumverstehen eine anspruchsvolle Angelegenheit. Dies wird auch an folgender Aussage deutlich:

> „Die eigentliche Interpretation des Traumes ist in der Regel eine anspruchsvolle Aufgabe. Sie setzt psychologische Einfühlung, Kombinationsfähigkeit, Intuition, Welt- und Menschenkenntnis und – vor allem ein spezifisches Wissen voraus, bei dem es ebenso sehr auf ausgebreitete Kenntnisse wie auf eine gewisse Intelligenz du coeur (d. h. die Weisheit des Herzens) ankommt" (GW Bd. 8, § 543).

Persönlichkeitsmodell der Analytischen Psychologie

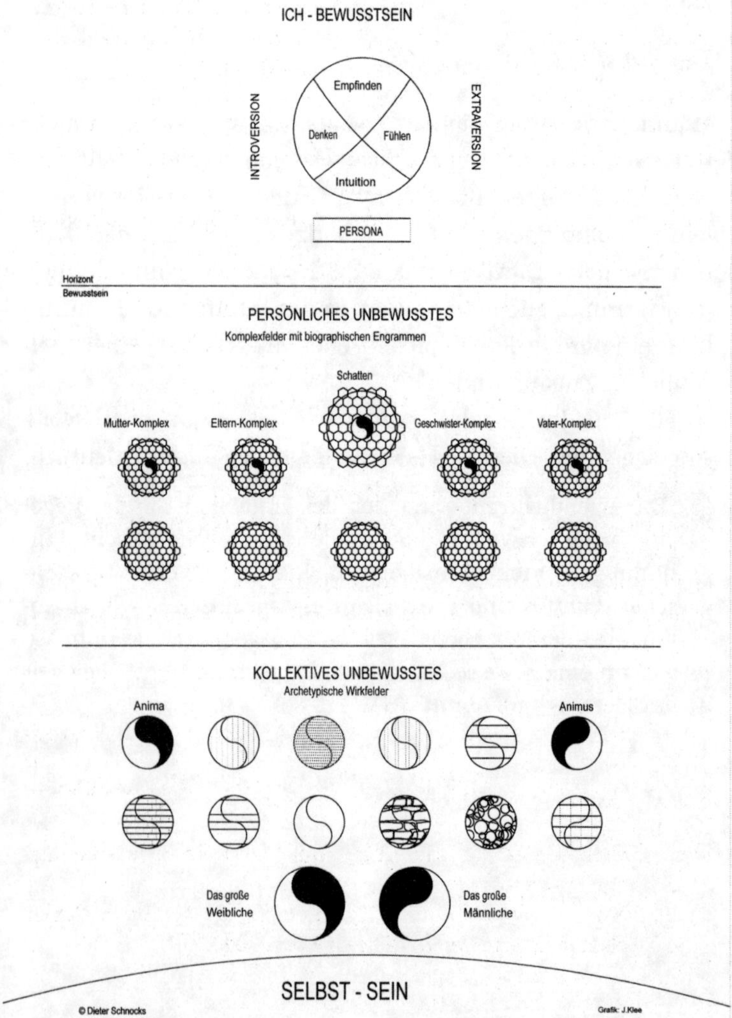

Quellen und Literatur

Adam, Klaus Uwe: Therapeutisches Arbeiten mit Träumen. Theorie und Praxis der Traumarbeit. Springer Verlag, 2. Auflage 2006.

Artemidor von Daldis: Traumkunst. Reclam-Verlag, 1991.

Augustinus, Aurelius: Confessiones. Kösel, 4. Auflage 1980.

Becker, Udo: Lexikon der Symbole. Herder Verlag, 2. Auflage 2006.

Dieckmann, Hans: Umgang mit Träumen. opus magnum, 2003. (downloadbar bei www.opus-magnum.de)

Hark, Helmut: Der Traum als Gottes vergessene Sprache. opus magnum, 2005. (downloadbar bei www.opus-magnum.de)

Hark, Helmut: Lexikon der Jungschen Grundbegriffe. Mit Originaltexten von C. G. Jung. Walter-Verlag, 4. Auflage 1998.

Jung, Carl Gustav: Gesammelte Werke. 20 Bde. Hg. Von Jung-Merker, L.; Rüf, E.; Zander. Walter Verlag, 1971ff.

Kast, Verena: Die Dynamik der Symbole. Grundlagen der Jungschen Psychologie. Walter Verlag, 1990.

Kast, Verena: Paare. Beziehungsphantasien oder wie Götter sich in Menschen spiegeln. Kreuz-Verlag, 1984.

Kast, Verena: Träume. Die geheimnisvolle Sprache des Unbewussten. Walter Verlag, 2006.

Mertens, Wolfgang: Traum und Traumdeutung. Beck-Verlag, 1999.

Müller, Lutz & Müller, Annette (Hrsg.): Wörterbuch der Analytischen Psychologie. Walter Verlag, 2003.

Nietzsche, Friedrich: Morgenröte. Gedanken über die moralischen Vorurteile. Kröner, 7. Auflage 1991.

Quint, Josef (Hrsg.): Meister Eckehart. Deutsche Predigten und Traktate. Hanser, 1978.

Roth, Wolfgang: Einführung in die Psychologie C.G. Jungs. Walter Verlag, 2003.

Spitzer, Manfred.: Lernen. Gehirnforschung und die Schule des Lebens. Spektrum-Verlag, 2002.

Tholey, Paul & Utecht, Kaleb: Schöpferisch träumen: Wie Sie im Schlaf das Leben meistern. Verlag Dietmar Klotz, 2000.

Informationen zu Traumseminaren finden sich unter:
www.cgjung-gesellschaften.eu (für alle deutschen Jung-Gesellschaften)
www.cgjung.org (für Köln)
www.cgjung-stuttgart.de (für Stuttgart)

Dank

Dieses Buch wäre ohne die Fortbildungsseminare zur Traumarbeit, die ich bereits seit zehn Jahren leite, nicht entstanden. Die Seminarteilnehmer der Jung-Gesellschaften Köln und Stuttgart haben mich über die Jahre hin immer wieder angeregt, die theoretischen Ideen und Konzepte zum Traumverstehen so verständlich auszudrücken, dass sie für den Träumer eine wirkliche praktische Hilfe sein können. Herzlichen Dank an die vielen Träumer, die bereit waren, ihre Traumschätze zur Verfügung zu stellen, sodass ich sie in diesem Buch beispielhaft verwenden konnte.

Für die Mithilfe bei der Entstehung des Buches danke ich zuerst Dr. Karin Walter vom Herder-Verlag, die dieses Buch angeregt hat. Ich danke ihr auch für ihre Mut machende Unterstützung bei der Umarbeitung der Seminarmanuskripte zu diesem Buch.

Despina Vradelis möchte ich ganz besonderen Dank für die Mitgestaltung der Texte aussprechen. Sie hat mit ihrem einfühlsamen Zugang zum Thema Traum viel dazu beigetragen, dass das Manuskript für die Leser in eine sprachlich gute Form gebracht werden konnte.

Der Lektorin des Herder-Verlages, Caren Hummel, danke ich für die angenehme und gute Kooperation und ihr sorgfältiges Lektorat. Das kritische Lesen des Manuskriptes besorgten Hildegunde Wöller und Uwe Adam, dessen Buch zum therapeutischen Traumverstehen dem Leser als Vertiefung ans Herz gelegt werden kann. Auch den engagierten Seminarteilnehmerinnen, die die ersten Textfassungen bei ihrer Entstehung gegengelesen haben, gilt mein Dank.

Ich hoffe, dass meine Arbeit und die Mühe aller mich im letzten Jahr begleitenden Mithelfer dazu geführt haben, dass das vorliegende Buch die trauminteressierten Menschen erreicht und sie mit neuen sinnvollen Fragestellungen an ihre Träume herangehen können.

Stuttgart, im Juli 2007
Dieter Schnocks